青春美文精品集萃丛书 · 美好童心系列

童心是翱翔天际的想象

《语文报》编写组　选编

時代文藝出版社

图书在版编目（CIP）数据

童心是翱翔天际的想象 / 《语文报》编写组选编.
-- 长春 : 时代文艺出版社, 2021.6
（青春美文精品集萃丛书. 美好童心系列）
ISBN 978-7-5387-6768-1

Ⅰ. ①童… Ⅱ. ①语… Ⅲ. ①作文－中小学－选集
Ⅳ. ①H194.5

中国版本图书馆CIP数据核字(2021)第096472号

童心是翱翔天际的想象

TONGXIN SHI AOXIANG TIANJI DE XIANGXIANG

《语文报》编写组　选编

出 品 人：陈　琛
责任编辑：王金弋
装帧设计：任　奕
排版制作：隋淑凤

出版发行：时代文艺出版社
地　　址：长春市福祉大路5788号　龙腾国际大厦A座15层　(130118)
电　　话：0431-81629751（总编办）　0431-81629755（发行部）
网　　址：weibo.com/tlapress（官方微博）　sdwycbsgf.tmall.com（天猫旗舰店）
开　　本：880mm × 1230mm　1/32
字　　数：135千字
印　　张：7
印　　刷：三河市嵩川印刷有限公司
版　　次：2021年6月第1版
印　　次：2021年6月第1次印刷
定　　价：36.00元

编 委 会

主　　编：刘应伦

编　　委：刘应伦　赵　静　李音霞

郭　斐　刘瑞霞　王素红

金星闪　周　起　华晓隽

何发祥　朱晓东　陈　颖

段岩霞　刘学强

本册主编：陈　颖

本册副主编：郑星颜

做最好的自己

掌声响起来

给心灵一个开花的机会

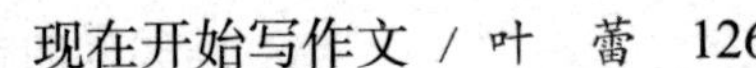

童趣调味瓶

温暖的学心

做最好的自己

善心如花

韦张霖

九月，是泡桐花开的季节，淡紫的花瓣，落在时光的旅途，似佳人痴痴的魂，涉水而过，转世而来。

又是一次周四的早读，当我在书包里搜寻必读的书本时，猛然记起将书落在了家里，瞬间惊慌与着急涌上了我的心头。突然，我看见了一个离我两组座位远的同学，我并不知道她是否会将书借我，因为我们是在开学的第二天认识的，或许还算不上朋友吧。但我已没有其他选择了，只好硬着头皮朝她走去。

“那个……你能不能……能不能把书借……借我一下？”我觉得我成功借到书的概率小之又小，所以我几乎连话都没讲完便转身想走。“你等一等，这是我的书，拿去吧！我们是朋友嘛，有什么不行的？”我惊愕地看着她，她的眼里，蓄满了雪化云开的明媚，仿佛在眨眼的瞬间，便写尽了一整个春季的历史。

本以为成功地借到了书，一切都没事了，可是当早读时间过半时，语文老师却进来检查大家是否都有带书。彼时，我的心中似有一场可怕的暴风雪，将所有的思绪都击卷得凌乱不堪。还或不还让我如此矛盾，而我最终还是败给了心中的私欲，将那本罪恶的书视作唯一的救命稻草，死死抓牢。

终于，老师走到了我的跟前，瞥了一眼我手中的书，又朝着另一组走去，结果自然是她的名字被登记在册。我无法想象自己当时的表情该有多么紧张与失态，但有一点很清楚——我要失去一个好心帮我却被我出卖的朋友了。我甚至不知道我是如何挨过那漫长的第一节课。

一下课，我便冲到她面前，向她道歉。我以为她根本就不会原谅我，甚至会向我投来令我无地自容的质问与责骂。可我没想到，她却抬起头来向我微笑着说："我理解你的做法，我想，如果我是你，我也会这样选择。再说了，最重要的是我们都能真正地学到东西，而不是名字是否被登记。"我不知道为什么，她的眼神总是那么真诚，就好像有一潭明澈的清泉倒映在瞳仁深处，清澈见底。而那一刻，感动亦如飞雪，浅浅地覆满我的心田。

恍惚的瞬间，窗外的泡桐花，又簌簌飘落，落成一个又一个残缺或圆满的梦境。我想，我们之所以深信善良与宽容的力量，是因为我们都曾感受过它们所带来的温情与释然，从而使我们的心弦产生共振，将这种触动人心的旋律传播得更加遥远。是的，善心如花，如淡紫色的泡桐，哪怕没有浓郁的芬芳，却一点一点沁人心脾。

一路有你

刘 昊

友谊之桥

记得一年级刚入学的时候，我有点儿胆怯，对身边的一切都感到陌生，只知道他们也是和我一样的小朋友，上课时都要有本书，老师也很少和我们玩游戏。放学时，还要排着队，不能自己走。环境的改变令我一时无法适应。每天，我形单影只地上学、放学。终于有一天，放学散队的时候，突然，有一个同学跑到了我的旁边，我也不由自主跟着奔跑起来，跑着跑着，我和他比赛起来。等跑到了家人旁边停下来时，我们都不停地喘着气。他一转头，热情地对我说："你好，你真厉害，我叫小杨，你叫什么？"我说："我叫刘昊。"就这样，我和他成了形影不离的好友。

风 雨 来 临

我和小杨的友谊已经一起走过了三个春秋。一天，老师叫我们把自己在家里制作的“荷花”带来，我们纷纷把自己家做的“荷花”拿了出来。小杨的荷花制作得十分精美，一片片粉色的花瓣栩栩如生，我忍不住提在手上欣赏着。突然，我的脚下一滑，荷花跌落，扭曲成一团。小杨先是一愣，接着眼睛一闭，号啕大哭起来，可我也不认账，我们吵得不可开交，老师将我们站在外面，出去时，他狠狠地瞪了我一眼，大声地说了一声：“绝交。”可是第二天，我们又互相认了错，又恢复了昔日的友谊。

阳光总在风雨后

转眼，我们都升入五年级了，我和小杨参加羽毛球双打的比赛，每天都在一起打球，可是因为每次都为自己抢球，使得拍子老是拍在一起。我们担心在运动会时输掉，于是我和小杨商量，他打左，我打右，在比赛时，也许是好友的缘故，一个眼神，一个动作，我们都心有灵犀，配合默契，终于赢得了胜利。我们兴奋地蹦啊，跳啊，两颗心连得更加紧密。

友谊是最世上最美的，它能使一个人完完全全地改变，和小杨在一起的日子，我学会了给予，学会了宽容，学会了忍耐，学会了分享，学会了合作。

啊，成长路上，一路有你，相携相助，重情重义，就让友谊驻足于心间，如春花般烂漫，如夏花般热烈，如秋叶般火红，如冬雪般纯洁……

难忘的掌声

翁瑜岚

“感恩师长，是每个学生都应做的事，同学们想想，从你记事开始有多少位老师传授你知识？有多少老师为你操心过？同学们，明天就是教师节了，让我们感恩师长！”现在的我已经是一个能在众人面前侃侃而谈的女孩儿了，可是谁也没想到，紧张曾经是我的头号劲敌。

五年级时，语文老师告诉我，她第一次上台演讲，紧张得发抖时，硬从牙缝中挤出第一个词，引来的却是班上同学的嘲笑。但她坚持下来了，后来居然能在台上自如演讲。那时，我在老师的鼓励下，鼓起勇气给自己报名在班队课上表演一个小小节目。

从此之后，我只要一有空余时间就去练那一段看似简单，学起来却难得要命的绕口令，但我一次又一次地告诉自己：现在付出的汗水和泪水，有一天会让我得到回报的。

那既期待又害怕的班队课伴随着时间一分一秒地逝去迎面而来。

当我在进行最后的一次彩排时，老师迈着她那轻盈的脚步向我靠近。“好！好！”这两个字对我来说有深刻的含义，从老师口中说出时，我觉得那个意义更加深刻了。但我的表演毕竟是还有缺点的。“只是你太紧张了，你还可以放松！”“哦！”这个字包含着我对老师的敬重感谢。

“一周一次的班队课又开始了，首先请翁瑜岚同学带给我们一段精彩的绕口令。”主持人说着，我的脚不由自主地向讲台一步步地迈进。此时我的心里除了一遍又一遍重复绕口令，我还想着老师会给予我鼓励吗？要知道我此时甚至不敢直视老师的目光。

“扁担宽，板凳长，扁担想绑在板凳上……”这是一段来自S.H.E《中国话》中的片段。也许是一次次的练习帮助了我。我演讲完时，全班那热烈的掌声，老师那肯定的目光，让我在那一瞬间变得自信起来了。

后来，每当班队课有演讲时，我总是第一个举手，并且我会告诉自己我能做到的。

从此，班级又有了一个自信女孩儿的身影。

认真最美

林钦宁

我最爱那一幅《葡萄》，那是我见到过最美的一张国画。它并不出自名家之手，也并不是什么鸿篇巨制，但对我来说它是最美的。

那天下午第二节下课，广播宣布了第二天可能要因台风停课的消息。同学们个个若“脱笼之鹄”，欢喜不已，连上课铃都装作没听见。

来上美术课的老师是个口齿极不清楚的大伯，头发俨然呈现地中海的形状；有点儿小胡楂，穿个半长裤，脚趾从凉鞋中窜出来向我们问好；提个黑黑的塑料袋，不知道的还以为是走江湖的。

他一上来，就让我们安静，可是我们要么是听不清他讲什么，要么是装作听不清他讲什么，喧闹依旧。他也无可奈何，只得将宣纸固定在黑板上，开始画一幅中国画。

听他含糊的口音，我勉强听出他要画葡萄。

他先是用焦墨拖出了几片叶子，又加水，用淡墨一片一片地甩出了其他叶片。虽然墨色渐渐淡去，但丝毫不敢有疏忽。

他又换了支笔，用浓墨扫上藤条，寥寥几笔，原本孤立的叶子们就凝聚在了一起。

台下，几个同学在肆无忌惮地聊天，几个同学在奋力地做着作业，还有几个在无聊地画着小人，好像只有我一个在欣赏他的作画过程。窗外，雨下得稀稀啦啦，风不断地穿堂而过，吹起了宣纸的一角。他却毫不分心，换了支笔，用紫色转出一个个葡萄。左一笔，右一笔，一个较大的葡萄就被创造出来。第一串果实排放紧密，仿佛会从藤上掉下来。第二串虽然仍是饱满的果实，但它明显比前一串分散。他又改用笔锋，逆时针地圈出了几个小葡萄。

他改用浓墨，在渐干的叶子上勾出一条条并不对称的叶脉，就连最浓的那几片，他也丝毫没有怠慢的意思，依旧细致地勾画着。

在雨声和吵闹声中，他认真地为每一颗葡萄点上它的柄。他左手抓砚，右手悬在半空，有规律，甚至有节奏地点着；渐黄的衬衫挡住了整个画纸，但我突然觉得我看见了那幅画，看见了那画里的认真。

能在这番嘈杂中完成这件作品，他是多么认真！我再也不会觉得这大伯无能了。

他小心地题上“庚寅”二字，回过头，用他那饱经风霜的声音，喊出了“下课”二字。

同学们欢欣鼓舞地走了，我却被他的那一份认真触动，呆坐在椅子上。这老师用他的认真，为我提供了一次美丽的视觉享受，更是感染了平日极不认真的我。

凡事都怕“认真”二字，无论做任何事，只要你尽心尽力地去做，就没有完不成的。学习中多一分认真，就可以解决粗心大意的坏毛病。书写中多一分认真，就可以给人一个良好的印象。治疗中多一分认真，就可以挽救一条鲜活的生命。做人多一分认真，就可以减少人生的遗憾，增加人生的价值。

我站起来，向仍在讲台整理的老师鞠躬，“谢谢老师！”

成长·同行

洁 欣

人生的路并不是一帆风顺的，往往会遇到挫折，但成长会轻轻地跳上岁月的过山车，带着我们驶向下一个轮回。

曾几何时，我们偷偷地躲在午后校园的墙角处舔着冰淇淋，阳光毫不吝啬地投射在我们身上，盛夏的小草被园林工修剪得无可挑剔，毛茸茸而有生机。我们的童心肆意，竟然把冰淇淋滴在地上，让蚂蚁尽情分享这份午后甜点，我们俯下身，即使看不出蚂蚁世界的舞蹈，也觉得这是无可比拟的欢快。那时的我们是那么无忧无虑，幻想着美好未来。

本来以为会一直维持现状，可是因为我的不懂事把这美好打碎了。

什么时候，你不再拍着我的肩煞有介事地“教育”

我。于是，感觉自己被冷落，我与你像隔了层玻璃，之间的距离冰冷。

什么时候？大概是我心浮气躁，自命清高，加上成绩下滑严重的时候吧。

看到你与别的同学无话不谈，亲密无间，心里好失落，感觉自己好狼狈。很嫉妒，那本应该是属于我的啊！唉……只怪我太自大了。

有一天你突然传了张纸条给我，上面工工整整地写着：你的不屑，是个性还是幼稚？我想念原来的你。——你曾经的好朋友。猛然间，我的大脑像触电一般，不断地回忆着小时候那天真无邪的我们，想起以前我们曾手拉手奔跑，想起了以前我们曾说做一辈子的好朋友……有太多美好的回忆在我心里荡漾，直至把我的幼稚、无知吞噬。

下课了，我跑到她的身边对她说："我就是你曾经想念的人，不过现在不需要想念了！"你笑了，那个笑容好熟悉。

人生不也如此吗？当人生经历挫折、困顿、失败、悲伤、疾病的时候，当无法逃避、无法选择的时候，我们要勇敢面对，一步步向前，我们就是这样成长了。

这一面对，让我回到了生活的轨迹上继续前行。看！装满幸福和收获的火车向我们驶来。

做最好的自己

林思含

一片寂静……

我和同学们在“人民会堂”的大厅里，今天，是福建省第六届中国少年先锋队少年代表大会隆重召开的日子，我们很荣幸能在这里朗诵《向亲爱的党，敬礼》。

时间很快过去了，叔叔、阿姨们已经入席，这时，主持人说道：“现在，我们欢迎福州实验小学的同学们，为我们献上诗朗诵《向亲爱的党，敬礼》！”老师马上为我们整队，本来在走场的时候，我们还很期待今天的来临，但是，现在，每个同学的脸，好像被冰冻住了。就在这时，老师亲切地说了一句：“同学们，准备好了吗？记住，要面带微笑，台下十年功就为了这台上三分钟哦！”听着老师的叮嘱，我的嘴角勉强挤出一丝笑意。

音乐响了，我们随着节奏，笑容满面地走上台，“迎着海西的春光……”也许是音符的镇定作用，也许是胸有成竹带来的自信，渐渐地，我的心跳恢复了正常，我的笑容重新展露。台下，观众们凝神倾听，大厅里，回荡着我们稚嫩的童声。我和大家一句一句地念着，一个动作一个动作地表演着，这是我们的舞台，这是我们绽放光芒的地方，我们准能得到大家的赞叹。当我们读到最后一句：“闽台一家亲，中华力量大”的时候，全场响起了热烈的掌声。

那掌声回荡在礼堂的每一个角落，强烈地冲击着我的耳膜，一股自豪感油然而生，我的背挺得更直了，笑意更浓了……

我和同学们缓缓地走下台，舒舒服服地坐在休息室里，享受着空调带来的风。老师拎来两箱酸奶，一大袋的蛋黄派，分发给大家，那最后一丝紧张也随着浓浓的酸奶香和那丰富的营养，慢慢地往下滑。

晚上回到家中，我向妈妈叙说了今天所发生的一切，妈妈也为我们感到骄傲！

经过了这次演出，我不但得到了一次难忘的掌声，我还知道了：要对自己有信心，因为如果不能做大道，那就做一条小路；如果不能成为太阳，那就当一颗星星，无论做什么事，最重要的，就是做最好的自己！

成功之路的第一步

陈　涛

曾经，我不是一个善于在公共场合表达自己意愿的人，但是那一次发言改变了我。

记忆的时间大门转呀转，又转到了三年级那细雨蒙蒙的一个下午——

进入三年级，又有了一项新的科目：英语。教我们的是一位年过花甲的老教师——Miss梁。她给我们上课，脸上总不忘带着一种和气的微笑，那层层皱纹显得更加和蔼可亲。

又是一节英语课。

“同学们好！”“老师您好！”师生问好之后，一堂生动的课开始了。Miss梁一会儿抑扬顿挫地读着课文，一会儿耐心地讲解着语法。“这篇课文是第几人称的对话？谁能说一下！”猛地，她抛出一道题，期待的目光从每一个人的脸上扫过。教室里顿时安静了下来，我竭力思考着。是第一人称吗？我狐疑着。举目四望，班上没有一个人会，理所当然也没有一个人举手，突然，老师的目光落到了我身上，我内心七上八下，心想：上天保佑呀！可千万别叫我起来。这百分之十五的概率可千万别落到我身上！可上天不给力，“陈涛同学，请你来回答。”如一声炸雷在头顶炸响，顿时，我呆若木鸡，缓缓地站了起来，“我……”我当然会，只是如同鱼刺哽在咽喉，发不出声。“没事！随便说一说！”老师用和气的微笑看着我，那荡漾着笑容的目光如同清晨的第一缕晨光般温暖明澈，我绷紧的心弦渐渐松弛了，终于，我鼓足勇气，重拾信心：“第……第一……一人称！”话音刚落，老师便带头鼓起了掌来，接着，班上掌声从稀疏到响成一片。

在热烈的掌声中，我不由挺直了脊背，如同凯旋的勇士般高高地仰起头，任自豪将我俘虏，这一刻，我明白了发言并不可怕，关键是打开心门，勇敢地走出自己编织的心网。

于是，从那以后，我变了，那曾经不善于在公共场合表达自己意愿的人走进了历史，相反，走出了一位自信满满的少年——蛹成功化蝶！每天，只要有英语课，就有老师的微笑，也就有我举手的身影。

一次排练改变了我

林　烁

“宝剑锋从磨砺出，梅花香自苦寒来。”每一次成功都要经过磨砺，而我以前，却是一个怕吃苦，更怕吃了苦没有回报的人。但那一次排练却改变了我。

我迷迷糊糊被老师选中，参加了一次舞蹈表演，将扮演江边的纤夫。但我一加入排练，顿时傻了眼，动作是那么困难，而且每天都要留下来练习。退出的希望已经虚无缥缈了，排练，像有几千条绳索捆住了我，我怎么挣扎，也无法挣脱。

这次排练，老师的脸涨得通红，头发一根根竖，原来我们一个动作始终无法完成。老师便狠下心，惩罚我们，不做好不能休息。大树无力地低着枝干，排练厅里的我们也累得垂头丧气。汗珠如一串串链子，从额上，从颈上，从背上，滑落。我简直要崩溃了，生气地用手锤打地板，但这也无济于事，反而我的手被砸得通红，我简直要哭出来了！这样看不到尽头的排练，我只想退出。

“大家要振作起来啊！饱经沧桑的纤夫不顾自身的危险，不断地在江中跋涉，只为了让船能够开动起来，船上满载着岸上居民的希望啊！纤夫的苦累比我们的累，不知超过多少倍！”老师的话激醒了我因劳累而沉睡封闭的思想，一个个画面涌进了我的脑中：一艘运载物资的大船，搁浅在浅滩上，几十纤夫用肩膀拼力勒着纤绳，艰难地向前迈进。

“嗨嘀！”领头的纤夫大喝了一声，随即，众人的呼喊声大过了江上寒风的呼啸声。船前进了一步。“哈！”又是一声震怒的吼声，纤夫们的声音涌进了江风中，涌进了我们的心中。是啊，纤夫冒着生命危险，不顾艰辛拉着船，而我们怎能与其相比呢？他们都是普通的人，但他们都在拼命努力地生存下去！他们的回报那么微薄，但他们从没有放弃生活的希望！

我站起身，我的同学们站起身，抖擞精神，怀着对纤夫满腔的敬佩，排练完了动作。

这次排练，改变了我的想法。我不再去追求结果怎样，过程中的劳累在我的眼里也化作春风，再苦，再累，也是对自身的磨炼，是对一个男子汉苦其心志，饿其体肤，劳其筋骨的考验啊！

鱼头十八味

黄子怡

鱼头不止十八味，你可晓得?

母亲几年前摔倒伤到坐骨神经，近日季节转换旧伤复发，卧床休息，恰遇父亲出差，我理所当然承担起照顾她起居生活的责任。

晚上，我洗鱼准备蒸。我们家以前一直住在老家，在那个靠山的地方，除了逢年过节，平时鲜有吃鱼的时候，后来搬到福州，吃海鲜才频繁起来，每次吃鱼，母亲尽量挑掉鱼刺把鱼肉夹给我，她自己吃鱼头，我让她吃鱼身，她总是推托道：“我喜欢吃鱼头，鱼头十八味哩！”

“鱼头真的有十八味吗？”我扯回飘远的思绪，把鱼放入锅中。十分钟后，鱼出锅了。我将鱼头留下，把鱼身端进母亲的房间，她一见就把盘子推给我，“我吃惯了鱼头，小孩儿吃鱼身，长身体！”我坚决推回去，“妈，你为我吃了十几年鱼头，今天让我吃鱼头，你吃鱼身！”这回她拧不过我，母亲两眼湿润，欣慰地点点头。

我退出房间，在餐桌上吃起鱼头，这鱼头不但肉少刺多，还带着些许苦涩。我艰难地啃着鱼头，掰开鱼鳃见鱼眼周处有少许肉丝，味蕾好不容易捕捉到一丝鱼香，待要继续探索时却消失殆尽，一根大刺顶到我的上颚。我心不甘，我气不服，拔掉刺继续吮吸，可鱼头骨和刺错综复杂，在旮旯处藏匿着的细微肉丝，任凭我千呼万唤就是迟迟不肯露面，甚至让我瞧得见吃不着，急得我直咋嘴，这简直太费劲儿了。鱼头呀，你果真有十八味哟！我不由想起以前母亲挑好刺让我大快朵颐、津津有味的情景，我的心潮难以平静——鱼头像是苦难，鱼身便是快乐和幸福，母亲将人生的苦难自己咽下，留给我的是人世间最美好的幸福与快乐，这就是母爱！从今天起，从这只鱼头开始，我也将学会感恩，用稚嫩的双肩分担父母的艰难，用勤劳的双手和自信的头脑报答父母！

待我去母亲房里收拾碗碟，惊讶那盘鱼居然纹丝未动，她解释道：“还是留给你明天中午吃吧，中午时间紧，再做麻烦费时。”母亲永远考虑得比我周全。

我哽咽了，端详着那盘依然丰满的鱼身，顿悟：原来纵使世间所有苦难和不测都涌向我，母亲也会用她柔弱的身躯为我遮风挡雨，赋予我纯真和快乐，与母亲相比，我是如此渺小——这就是伟大的母亲！

鱼头十八味。原来，都是爱。

被忽略的爱

林　达

落叶在空中盘旋，谱写着一曲感恩的乐章，那是大树对滋养它的大地的感恩；白云在蔚蓝的天空中飘荡，绘画着一幅感人的画面，那是白云对哺育它的蓝天的感恩；而我对父母的感激，只有一句：“对不起，谢谢！”

“咳，咳，咳。”“你感冒了，中午就去吃点儿清淡的东西，水多喝点儿，中午记得打个电话给我。”“知道了，干吗把我当成三岁半的小孩儿，我走了。”上学前实在受不了老妈的唠唠叨叨。

到了班上，同桌见我一直咳便说：“我这儿有感冒药，你要不要吃点儿？纸巾给你，可能有用，你多喝点儿水吧！”“谢谢，纸巾借我吧，药就不用了，我多喝水就好。”

“多喝水就好了”，多么熟悉的一句话。为什么差不多意思的话听同桌说的时候我有种以往没有过的感觉，那感觉就好像小口瓶子装满了油，欲倒出来却争先恐后不知道该怎么说好，眼前一片模糊；而早晨听老妈说的时候我却急忙关上门，硬生生地把她关在门内……

中午，打电话给妈妈，她问我有没有好些，我应道："有啦，感冒这东西也不好说，我如果难受的话就打电话给你啦，现在我要去吃饭了，吃完再发短信吧。""嗯，好，记得多吃点儿清淡的。"

吃午饭时，同桌帮我点了些清淡的东西，并和妈妈说的一样："感冒了就要吃些清淡的东西。"听到这，潮湿从心底又一次漫上来，我背过脸，只怕眼睛不争气泄漏了心底的秘密。然而刚才打电话给妈妈的时候却好像是完成一项任务，有一种烦躁的感觉，匆匆交代两句，很快便掐断电话。我到底是怎么了？

午休时，我再也静不下心来，像是打破了五味瓶，思考了许久，我明白了：有一种感情始终包围着我，以至于我忽视了它的伟大；有一种感情，永远呵护着我，以至于让我麻木了它的厚重；有一种感情始终支持着我，以至于让我不觉得它的珍贵。这便是那父母恩。

羊有跪乳之恩，鸦有反哺之义。然而我呢，却把这恩当成一种烦，几欲挣脱。忘却这比山高比海深的父母恩，这是最不能的。仅有一句："对不起，谢谢。"给我亲爱的父母，来表达我多年来忽略他们给予我的爱的愧疚和感激。

我得到了鼓励

蔡梦珑

“唉，我这里怎么就错了呢？”“这没考好，回家又要挨妈妈的骂了。”班上一片叹气声。原来是我们班在发数学考卷，发到考卷的人有的在叹气，有的在思考这题为什么做错了；没发到考卷的人，在心里保佑着自己能考好。考卷发到了我的手上，我一看，七十四分。怎么可能？我的数学一直都在八十五分以上，这次怎么会考七十四分，我揉了揉眼睛，真的是七十四分，我对自己非常失望。

回到家，妈妈问我：“今天考卷发下来了吗？”“嗯。”“那拿出来给我看看。”妈妈下了命令，我不敢给妈妈看我的考卷，因为怕妈妈打我，但是妈妈的命令已下，不想给她看也不行了。我把考卷递给妈妈，妈妈浏览了一遍，眉头皱得越来越紧，“这题这么简单，你怎么会错？还有这道计算题，明明是加法，你写成了乘法……”我心里像百爪挠心，泪水不争气地涌上眼眶。妈妈看了我一眼，一怔，接着叹口气说：“算了，这些题，你下次认真一点儿就行。你不是说，这次全班都考不好吗？你考这样已经很不错了，下次加油就行了。我相信，我的女儿一定是最优秀的。”这次，妈妈破天荒地给了我鼓励。我轻轻拭去眼角的泪花，心里暗暗下定决心：一定要争气！不能让妈妈失望！

几天过后，我迎来了下一单元的考试。这一次，我认认真真地完成了考卷上的题目，并且认认真真地检查了一遍。第二天，考卷发下来了，一百分！这是这个学期第一个一百分！我一阵狂喜，盯着鲜红的一百分看了又看。

回到家，我自豪地把考卷交给妈妈，妈妈的脸上露出欣慰的笑容，“乖女儿，你真棒。”“那当然，你也不看看是谁的女儿！”“哈哈哈……”屋子里传出了一阵阵笑声，那是我和妈妈的笑声。

妈妈的鼓励，给了我前进的力量，给了我自信。

妈妈，谢谢您！

成长路漫漫，天使带我飞翔

熊欧韬

天使在人间有个名字，叫妈妈。

——题记

成长之路也是探险之路，有鲜花，也有荆棘。在你懵懵懂懂，稚嫩无知时，会有一位天使，守候你成长。

在我很小时，妈妈严苛的教育，就给我留下了阴影。

“熊欧韬，把你语文书拿来。”“来了来了。”二年级的我拿出书，塞到了妈妈的书桌上。“稚嫩，咳嗽。”我一下子蒙了，脑子里原来运转自如的齿轮突然“咔嚓”停转。“你会不会？”感到妈妈射来的锐利目光，我不由自主地低下了头，“不，不会……”“每个抄二十遍。”妈妈的话语如同一记重锤，把我原来快乐的心，砸得支离破碎。

也许是天赋，也许是努力，虽然我的成绩直至今日也在班级名列前茅，虽然妈妈的态度渐渐好转，不再掺杂着打骂，但我从来都不愿意承认，我的成就与她的关联。

“你手上拿的是什么？”一踏进家门，妈妈的声音立刻随之而来。

“作文奖状。”一看是妈妈，脸上的表情也从阳光灿烂转为冷若冷霜。随手把奖状当垃圾一样扔在地上。“省级二等奖？哈哈，不错不错。我真没白给你买练习……”

“你烦不烦？”我的心情乎得变为极度浮躁。她以前是怎么对我的？作文书还说妈妈是天使，我看她是恶魔——大恶魔！

也许是以前的她，在我的心里留下太多阴影，在她面前，我就像一只刺猬，用那些尖酸刻薄的话把自己包裹起来。但是，当有一天，她终于愿意把她的刺挑去，坦诚地，用能让我接受的方式面对我。我终于发现，原来我的刺如此不堪一击。

“又不能出去了……”原本约定好去玩的日子，却因为爸爸的临时加班与一场倾盆的大雨而被浇灭。现在的我，只能望着雨，痴痴地发呆。“没关系，妈妈带你去。”我愕然了，她还在感冒。没有等我回答，她转身默默地去拿雨伞，我心情有些复杂地跟着她出了门。

“你要去那边的小吃街吗？”几分钟后，我们便站在了三坊七巷热闹的小吃摊前。我沉默着，只是上前。“我来撑伞吧，一起去看看。” 偶然的，我们的手在一瞬间接触。妈妈立刻大呼小叫起来：“你手怎么这么冰！来来来，快把手套戴上。我再去帮你买杯热茶。”

我愣愣地望着怀里毛茸茸的手套。手套热热的，还残留着妈妈的体温。不过手凉了点儿，大惊小怪什么……

我尽力掩饰着自己的真实情绪，心中，却有一个声音在放肆地大喊：她为什么对你那么严格？因为她希望你更好！她为什么因为你手一凉就大呼小叫？因为她心里，你是她最珍贵的宝！她已经守候了你十二年啊，你却在恨的沼泽沦陷了十二年！她是那个会帮助你，鼓励你，呵护你一辈子的天使！

天使，天使……耳边回荡着这两个字，心中想着这两个字，一同在心中挥之不去的，还有一个个温馨的片段：生日聚会上的惊喜，跌倒摔伤时的敷药，考试夺魁时的拥抱……不知道为什么，在这个寒风如刀的午后，我却感觉不到一丝寒意。心中，也有什么东西在萌芽，在成长，我知道，那叫爱。

“拿着。”何时，妈妈已回到了身旁，“边走边喝吧。”

“嗯。”我装作漫不经心，心里却在说：谢谢，我的天使！

那天，我给她留了一张字条，因为我没有当面说的勇气，但她不会介意吧。纸条上，只有两行字：

妈妈，人生有你不输。

因为，你是我最美的天使。

“嗨！”在我专心致志地看书时，妈妈却悄悄来到身后，吓了我一大跳。

“加油哦！把作业做完，明天我们去摘橘子！”她笑了。

也许她知道严苛的方式会令我对她疏离，但为了我能成长，她默默承受我的怨恨，默默地付出关爱。

或许，天使有时会穿上恶魔的外衣，但你要懂得看到她真实美丽的那一面！妈妈，你是我最美的天使！

美丽的绽放

吴辉煌

成长的故事有很多，其中有欢乐，也有悲伤；成长的岁月很漫长，需要我们一点一点去积蓄力量。

五年级时，一次，我的考试成绩落到了八十分以下，跨进家门，看见妈妈正在阳台上浇花。

这是妈妈的爱好，她非常喜欢摆弄花草，我们家的阳台一年四季都盛开着花，一朵朵花在妈妈的“雨水”下喝着甘露。见妈妈正在浇花，说明妈妈今天心情不错，如果与她说我的成绩下滑了，后果……

我把书包放好，以沮丧的心情，把考卷拿着遮在背后，慢慢向阳台走去，如同“黑白无常”把我往“阴曹地府”押去。妈妈一边浇花一边说：“考得怎么样，是好是坏？”我低着头不知如何开口，“怎么，考得不理想？”我点点头，脸上有些发烧。妈妈似乎并不在意，又埋头

“咔嚓、咔嚓”地忙着剪枝，她一边剪一边平静地说：“辉儿，你看，这花儿呀，最美的时机便是它开放之时。在开放之前，它一天天悄悄地储备能量，正是等待这一刻的美丽呀！”

说者似无心，听者却有意。妈妈仅仅在与我谈花赏花吗？我反复咀嚼着妈妈的话，目光落在了那朵最大最艳丽的牡丹花上。瞧，它相当饱满，百花之王的名称真不是虚的。而我的愿望不正是像牡丹花一样吗？百花之王的美丽绽放，不正源于日复一日的储备吗？刹那间，我明白了妈妈的良苦用心……

又将迎来一次考试。我全力以赴，每天早晨很早起床复习，晚上复习到夜深人静。在坚持五日以后终于迎来周五的语文考试。我走在去学校的路上，徐徐清风吹在我脸上。小鸟叽叽喳喳地叫着，像在预祝我考试取得好成绩。

终于，这一次的努力并没有白费，我进入了全班前十名。我兴奋地跑回家，迫不及待与妈妈分享我的喜悦。

跑进家门，我举着考卷给妈妈看，妈妈瞥了一眼试卷，笑着说：“没什么，是你的花期到了，你这一段时间的积累带来了这美丽的绽放。感谢一下这些花儿吧。”说着，妈妈递过洒水壶，我伸手接过，一滴滴甘露洒在了一张张“笑脸”上。

成长，似一串让人心动的音符，似一串浅滩上前行的足迹，它记录着忧伤，也镌刻下欢乐。沿着成长的足迹，一步步，我们走向成熟，走向未来。

蒲扇吹来的风

陈枳汐

我爱那蒲扇吹来的风，带着一种神奇的力量，令人沉醉在老北京人豪迈又带着憨厚的话音之中，沉醉在绵延不绝而又不乏新鲜感的悠悠胡同之中，沉醉在北京这个悠久又不失现代感的古城之中。

谈起北京，人们大多想到那林立的高楼大厦，那永远如游鱼般穿梭的人潮，那夜幕下永远金碧辉煌的不夜城。可是今天，我要抛开繁华的商街，深入到老北京悠久的历史当中，感受这个千年古城特有的魅力。

往那胡同里多走几步，喧嚣声就全然被抛至脑后。在这个充满商业气息的北京，竟能有如此一片净土，让人回到那蒲扇轻摇的时代，在落日的余晖下能与邻居谈天说地，无忧无虑地享受着生活的快乐。

常听人说胡同是走不到头的，它们一条条地环环相扣，常常刚走完这条胡同，却在不知不觉中转入了另一条。远处传来几声狗吠，在这寂静的胡同里，显得格外突出，仿佛只有它才能证明这条胡同还有人居住。

胡同两旁的墙多为深红色的，红得那么稳重，仿佛告诉人们它是这座古城永远的保护神；红得那么含蓄，仿佛不想让人过多地注意到它；红得那么忧郁，仿佛在为有许多年轻人不知道它的存在而暗自伤心。也许，已没有人会重视这些曾经傲然立于这座古城各处的胡同，已没有人在乎这些由历史沉淀下来却又不被认可的古物。

阳光照射在深红色的墙上，仿佛镀上了一层金，但看着阳光慢慢从高墙滴落到墙角，又仿佛是墙留下的寂寞的泪珠。我怕再停留也会跟着伤心起来，连忙加紧脚步，匆匆向前走去。没走多远，我又看到另外一番景象。此时接近傍晚，胡同两旁一扇扇紧关着的屋门也已打开。这些淳朴的老北京人搬来板凳，在各家门口选定地方，三五成群，手中轻摇蒲扇，开始谈天说地。

看着那轻摇的蒲扇，我仿佛觉得它送来了缕缕清风，捎来了这些豪迈的老北京人纯正的北京话。听着北京话，有几分饶舌的韵味，又有些老练的腔调，我想，这就是所谓的京腔吧。老北京上千年的文化底蕴，让我惊叹。老北京的文化是那么博大精深、川流不息。

我突然发现，老北京的文化原来从未被忘记，它会永远流传下去，永远被人记在心里。登上高处，鸟瞰那曲折的胡同。我想记下随笔，却又发现这种文化的美永远无法用语言描绘。阳光穿破厚厚的云层，溜到了本子上。我撕下一页阳光，写上我对这个美丽古城的热爱，折成纸飞机，将它送入蓝天，愿它永远飞翔。

夜游秦淮

王若男

自从读了朱自清先生的《桨声灯影里的秦淮河》后，我就对秦淮河产生了莫名的向往。不赏奇景，怎知其绝妙？在我的软磨硬施之下，妈妈终于同意带我夜游秦淮河。

借着皎皎明月，伴着徐徐清风，我和妈妈登上小巧玲珑的画舫。令我大失所望的是，船夫并没用木桨推波顺水，逗起涟漪。而是一个劲儿地抽着香烟，按下开关键，然后就忙他自己的事了。我着实后悔，没有生在那科技不发达的时代，原来科技的日新月异也带走了传统的韵味。

这时画舫已行出几十米了，沿着河畔行驶。还没来得及感叹，那缕芬芳转瞬即逝，不留一点儿香痕。我更是失落，为什么船速要那么快呢？朱先生的文章中不是说，七板子可以停泊水中，赏素月，闻花香吗？怎么现在……

我已经无心观赏了，就算是琼楼玉宇，也终究没意思。远处的塔楼，好似一位深闺女子，注定一生寂寞，有谁会注意她呢？人们只沉浸在灯红酒绿的世界中，会不会忘记那自始至终的一份宁静，一份清幽呢？

这时，我听见了一个声音，仿佛从岸边传出，歌词未曾听清，只觉得这天籁之音令我久久没有言语。舫上的游客也闭上眼睛，倾听这来自天堂的仙乐。我这才发现，河畔上的一草一木都是活的。金银葛爬上了秀丽的阁楼，发出沙沙的声音，附和着微漪散开的声音；茉莉花茂密地盛开着，纯白的花瓣落在河水中，长廊里一缕幽香，沁人心脾；还有那横立在水上数千年的石桥，对我们诉说秦淮八艳的落寞人生……连船夫也神游其中，手上的烟不知什么时候灭掉了。

我才发觉，秦淮河一直没变，历史令她饱经沧桑，把她扣上风流婉转的枷锁。可有没有人知道，秦淮河始终是寂寞的。

直到离开时，我依旧沉默。我只希望，当我们风烛残年时，会有人记得，那曾经纸醉金迷的秦淮河，那曾经寂寞一生的秦淮河。

噼里啪啦过大年

陈乐恬

盼呀盼，春节终于到了。舅舅买来了许多烟花，烟花的种类繁多，有的大得像一个箱子，比如“火箭”炮；有的却比橡皮擦大不了多少，名字也特别好听，比如“嘀嘀晶”；还有“陀螺炮”“火树银花”等。

除夕晚上八点，我急匆匆地跑向小区大门，缠着爸爸和我一起放烟花。可是，妈妈却说只有男孩子才可以放烟花，你一个女孩儿家跟人家凑什么热闹？我不服气地说：“没道理，我也要放！”爸爸也说：“女孩子放烟花太危险！”“让我来嘛！别这么瞧不起人！哼！”我拽着爸爸，撒着娇，爸爸拗不过我，只好把放烟花用的香和打火机给了我。

我看起来自信满满，其实底气不足，颤抖着手按下了打火机。唉！运气不好，没点着，再打，这回倒是点着，可那火差点儿烧到我的手，我赶紧松开打火机，于是火又灭。唉，真是没想到，连打个火都这么难！总算是打着火了，我拿着打火机慢慢靠近左手的那炷香：“喔耶！旗开得胜！居然着了！”可是，我想万一火星掉到木头上，不成火灾了吗？想着，我放慢了向鞭炮走去的步伐。

唉，刚才是谁嚷着、求着要放鞭炮的？为了争面子，我只好硬着头皮，像小偷似的一步步向前挪移，把点好的香对准导火线。还没点着，我就尖叫一声跑开了。慌乱之中，我没看见前面有一根长铁栏，撞了过去，“哎哟”一声，我摔了一跤，痛得我龇牙咧嘴。我又气又好笑，心想：我怎么这么傻啊！居然把自己当刘翔了！

唉，我想退缩了，可是为了证明也我可以放烟花，我定定神，长长地嘘口气，继续勇往直前。我终于又战战兢兢地挪到了鞭炮前。当我再次把手上的香对准导火线的那一刻，导火线终于出现了一道火光，同时发出了“嗞嗞”的声音。我既兴奋又紧张。这一回，我没有迷失方向，而是极其准确地躲到了爸爸身后，把爸爸当成“防火盾”。“噼里啪啦，噼里啪啦！”耶！我历尽千辛万苦点着的烟花冲向天空了。天空霎时出现许多美丽的“花朵”，闪烁绚丽无比的光。大家为我鼓起了掌，我得意极了。

正当得意时，我看见一个小男孩儿镇定自若地拿着打火机一个接一个地点着烟花，想想刚才我遭遇的尴尬，霎时我的脸涨得通红通红的，恨不得找个洞钻进去。大家看到我的窘态都笑了起来.

我又拿着一个烟花走出了人群。这一回，我从容地点着一支“火箭炮”。侧耳倾听，那“噼里啪啦”的声音一会儿是独奏，一会儿是合奏，一会儿是重奏，真好听！举目四望，满天绽放的火树银花，已分不清哪一朵是我的，哪一朵是大家的。但我知道：每一朵烟花都同样美。因为它们带着大家新年的祈愿，包含着大家对生活的爱。

但愿旅途漫长

林歆元

午后的慵懒阳光，青石板的小路，对行人开放的欲滴鲜花，如同一帧帧八十年代的电影画面，总是在我的梦里模糊闪烁。

夜深如井，我抬头看着天，在被城市楼宇切割成方块的黑暗后面，没有星星，没有月亮，像现实那样索然无味，但我还是想起世界之大、之美，给眼下贫瘠苍白的生活一个值得继续的理由，只愿旅途漫长。

曾来过鼓浪屿这个浪漫的地方，留在记忆里的是静谧如茶的氛围。路边的小花，脚下的青苔，仿佛刚从油画里跑出来，还鲜嫩地滴着颜料。夜晚，月光拥抱着这座小岛，落拓地抚着深邃的大海，昏黄的灯光拢着小路。鼓浪屿似一位容颜不老的芳龄少女。似乎她那被淡忘的音容笑貌又吸引我再去寻觅她。

但当我再次踏上旅途时，一切都已改变。曾经错落的石板小路已被平整的水泥路代替，喝剩的奶茶堆积在路边，白色的液体似一群光滑的泥鳅横亘在路中间，如织的游人只能排着队跳过它。街上到处是烧烤摊，她已被那些烟熏得人老珠黄，岁月也一点点地侵蚀着她的躯体，她的青春，就如手上的一指流沙，被风迅速卷走，猛然发现时，它们已散布天涯海角。

我甚是怜悯她，依然不懈地寻找她那把古琵琶遗落下的几片音符。那些偏僻的小巷，依然原封不动，淡淡的复古回音仿佛一直在耳边旋转着，顺着曲径通幽的小径向下走，能看到大隐于世的几栋房子，黑色的铁门微微敞开，依然没有带锁。窗帘拉开，白色的沙发浸泡在阳光里。主人种的鲜花依然朝行人盛开。猛然发现，撩开她的长发，蓝色的双眸依然清澈透明，就像躺在深海里的钻石，要你慢慢去寻。

这趟旅途，她的不完美赤裸裸地展现在我面前，但我可以走很长的路，去寻那颗钻石。

人生如路，也似这样冗长，但可以从荒凉中走出繁华的风景来。但愿旅途漫长，毕竟，自由这东西，别人给不了你。

掌声响起来

雨来到校园

林兆琦

不知不觉中，雨从天而降，沙啦啦，沙啦啦……像一曲无字的歌谣，神奇地从四面八方飘然而起，操场上的同学们纷纷跑进教室。

只见那雨丝在空中飘飘悠悠地飞舞着，一些小雨点儿不听云妈妈的劝告，自个儿欢笑着，冲向大地，另一些小雨点儿下意识去拉它们，一不留神，也跟着一起坠入池中，一到水面，小雨点儿欢叫着又蹦起来，发出异常清脆的声响，再坠入池中。雨丝像无数轻捷柔软的手指，弹奏出一首又一首优雅的小曲。

雨洒落在校园“爱生池”假山上的一座小石桥上，“啪”的一声，散落成好些水珠，像一颗颗晶莹剔透的珍珠滚落水面，溅起许多水花，荡漾起一圈波纹，“叮叮叮……”听，这古朴的民谣。

雨洒落在校园中的生物园里，柳树、杨树、榕树、木棉树和灌木丛经过雨丝的抚摸，变得更加精神抖擞，植物的根大口大口地吮吸着清甜甘美的雨珠，一直喝到肚子鼓得圆溜溜的才罢休。“沙沙……”听，这欢快的轻音乐。

雨洒落在宽阔的大操场上、教学楼的屋顶上，大理石砌成的国旗台上，雨点儿像勤劳的清洁工，为它们洗去身上的灰尘，让它们分外明净。“哒哒哒……”听，这庄严的交响乐。

我沉浸在雨的乐章里，突然，一阵泥土的清香迎面扑来，空气格外清新，不知在什么时候，雨，悄悄地停了。

那个陌生的阿姨

王晨玥

天色晴朗，空中的云变幻莫测，可能是知道国庆节出去游玩的人很多，天也学会作美了。天既晴，人心欢，正是因为这样的好心情，我和表妹硕硕才会选择去武夷山的漂漂谷去玩。

也许是队伍的问题，我未能和硕硕排在一只竹筏上。无奈我只好硬着头皮坐到了那群陌生游客的中间。

竹筏漂流的第一段在一片平和的水域，我颇有兴趣地看着岸边的植物。正值秋天，许多树的叶子都变得枯黄，纷纷与落花一起落在水中，没有一点儿声音。水中漂满了落叶与落花，眼尖的我瞟见一片银杏叶，忙捞了起来，擦干，夹在随身而带的书中。

又漂了一段，水流慢慢地变急了，河水拍击着岸边的石头，突然，河水湍急起来，我的半边袖子都已经湿了，我正在后悔没穿雨衣来呢！突然，一双手把我护在身下，没有让我再淋到一滴水。我的心在那一瞬间被温暖紧紧地包围着。

水流渐渐地缓了下来，这双大手才慢慢收回。我抬头一看，原来是一位四十岁左右的阿姨。我的那一声“谢谢”还未出口，那个阿姨就先开口了，“小妹妹，不用谢啦，漂流嘛，本来就是玩，可是如果感冒了就得不偿失了嘛，下次漂流记得带雨衣啊！”我重重地点了点头，还想道一声谢谢，可竹筏已到站，那位阿姨下了竹筏就消失在人群中。我只好把那句“谢谢”藏在心中，眼睛莫名有些酸涩。

用感恩的心，去看待我们正在经历的生命，有多美好！

夏　花

雷蔚蕾

出校门，到街口左转，马路边上种着一排树，和普通的行道树一样，它们一点儿也不起眼儿，而我，也是第二次经过这排树时，才发现上面开着花。

那时还是暑假，太阳大得让人提不起精神。我从学校里出来，这才注意到满地的黄色花瓣。我抬头，看到绿树丛中那一大串一大串开得饱满的花，紧挨在一起，明媚得灿烂。这样的花似乎在哪里见过，也许是某本专业到晦涩难懂的植物学书籍，可我叫不出它们的名字。我早已惊叹得无法言喻了，可偏偏这个时候未曾带着相机。下一次来得是好几天以后，那时花应该零落了吧？也许只能等到明年的夏天了，我惆怅地想。

日子一天天过去，天也渐渐凉了，烦恼的事越来越多，那几树夏天开的花，连同所有关于夏天的记忆，被锁进心里某处可能连我都不知道的地方。所以你可以想象，再次看到它们时，我的惊讶。

依然是那样的花，花瓣金黄饱满，一大串一大串地挂在枝头，阳光照耀着黄花绿叶，仿佛夏天从来没有过去。不知名的花儿，你是听到了我的心声吗？是为了我小小的能再次看到你的心愿开放至今吗？如果是，你又如何在与我擦肩而过的日子里坚持至今？

花儿依旧开着，而我对它除了惊叹和赞美，又多了一份感激——谢谢你给了我第一眼的惊艳，谢谢你让我再次看到这样惊艳的风景。

人生中有多少风景能使我们为它驻足，又有多少风景愿意为我们定格？不仅是风景，还有人，那些为了我们停下脚步的人，父母，老师，甚至还有挚友——他们为了我们，所付出的，何止是停下脚步那么简单呢？停下脚步的他们见证着我们的成长，我们的变化，但当我们站在高处时，回头望去，只看到他们站在原地为我们欢呼，告诉我们："不要害怕，向前走吧，我还是原来的我！"我们又能做些什么呢？大概也只有"我会努力的""谢谢你"这样的语句作为回报了吧？

不，不是这样，对于感恩而言话语只是一种辅助工具。行动，只有行动才是真正有用的，不要对那些为你驻足的事物视而不见，也许这样的来的结果，是无可挽回的擦肩而过。

有些时候，请也为他们停下脚步。

不会变的是绽放

白潇洋

乌云下的小路暗淡且泥泞，散发出阵阵恶臭，灰色的街景仿佛被偷走了色彩。屋檐上往下滴水，在地上汇成一股细流。雨越来越大，我的伞在雨中摇摇晃晃，我只好躲在某一块屋檐下，静候雨停。

而我的心也和大气一样，密布雨丝——调离了原来的座位，我对新位置昏暗的光线感到厌烦，同学们也似乎对我冷淡了。在诸多个不顺意中，我不想再抬起头，面对这些困难。

不经意踢到什么东西，低下头仔细一看，谁不要的一盆花？一半露在雨中，已经被打得往下低垂，靠着暗黄色的花瓣和独特的花形，我勉强辨认出它——居然是我见过的那种菊花！

我印象中的菊，是一个由条条明黄攒成的一个球，饱满地微微张开，生命力肆意从里面泻出来，溢满秋日斜阳下的花展，它在绿叶拢成的金色霓裳中尽情舒展，在霜和寒风中顽强挺立。

然而面前歪斜的花朵已经散开、下垂，上面的黄色也混入了泥浆般的灰。每一阵大雨过后，总有几片花瓣在雨中摇摇欲坠——它是孤独的，就像我一样。

我也起了怜悯之心，用伞为它遮雨，扶起它叶片上的花朵，用手抚开上面的污泥，然而褪去污秽以后的它没有一丝腐烂、枯萎，花瓣都充斥着明亮的黄——它在灰暗朦胧、不见天日的角落绽放！

它在用自己的花朵述说着自己的不羁、坚强与活力，它是风雨中霓裳失色但依然美丽、傲然的仙女，尽全力撑出埋在泥垢下的金黄。它在雨中绽放出明亮温暖的色彩。驱尽阴霾。松开手，它又马上下垂，枝干马上又黏在泥浆、碎石中，然而它还在顽强开放，不知撑过了多少个雨天……

从厅堂中、花架上到泥泞的角落，环境变了、挑战多了、阳光少了，然而不会变的是绽放，绽放出属于自己、不拘于境遇的明黄——花可以做到，我又何尝不能呢？

从独占鳌头到名落孙山，不会变的是尽力发挥；从有求必应的宠溺到严格的要求，不会变的是爱……这些美好的品质，无论环境、无论方式，都在执着地绽放。不要以周围的变化作为逃避的借口，即使在风雨不绝的小巷，也依然可以绽放。

雨停了，我把它周围的碎片拾起、清理干净，我相信它还会绚丽绽放，一如既往。

为你，千千万万遍

——读《追风筝的人》有感

夏　怡

“为你，千千万万遍！”哈桑的这句话感动了多少人，震撼了多少人的心灵！

一个讲述十二岁的阿富汗富家少爷阿米尔与他父亲仆人儿子哈桑之间的友情故事，描绘了背叛与救赎的心灵画卷，给我以十足的震撼。

难道种族的不同就意味着有尊卑贵贱之分，这是不是太苛刻，太无聊了？

当哈桑被其他富家少爷围困在角落里施以暴力时，阿米尔——这个哈桑最信任的朋友，却蜷缩在阴暗的角落里默默注视，直到泪流满面却仍不敢挺身帮助哈桑，那时，我听到了心碎的声音。眼泪总是不自觉地流了下来。这就是阿米尔对哈桑的友情——害怕自己一旦站了出去，就会有与哈桑一样的遭遇。读到这里的时候，我从心里鄙视阿米尔，鄙视这个懦夫，鄙视这个背叛友情的人。

但命运的指针并没有停止，哈桑明明知道阿米尔站在那儿“不为所动”但还是原谅了他。但阿米尔为什么还要那么残忍地对他？就是因为自己懦弱而极端害怕直至惭愧不已，无法面对哈桑吗？他之后用熟透了的石榴砸哈桑，希望哈桑能狠狠地打自己一顿，可是他并不知道他的这一举动深深刺伤了哈桑，他并不知道哈桑并没有怪他。最后他甚至不惜栽赃哈桑，想让他永远离开这个家。当阿里和哈桑走的时候，虽然阿米尔也哭了，但我对这个人心中始终有着芥蒂。战争开始了，阿米尔和他的爸爸逃往了美国。到后来阿米尔获悉哈桑竟是自己同父异母的兄弟时，悔恨与伤痛纠结。当中年的阿米尔偶然得知哈桑的消息时，他不顾危险，前往家乡阿富汗，开始了自我的救赎。

直到这个时候，也许我对阿米尔的不满才慢慢地消除了吧。但时间是可怕的，因为它可以让一切都改变。终于回到家乡的阿米尔，目睹了家乡的变化——战乱不断，民不聊生。同时也见到了儿时的老管家，见到了荒废的家，也得知了哈桑的死讯。哈桑死了，阿米尔的救赎却没有停止，哈桑唯一的儿子索拉博落入了阿米尔儿时的宿敌阿塞夫手中，儿时的懦弱和愧疚缠绕着中年的阿米尔……他终于站了出来，和阿塞夫搏斗，并受了很重的伤。阿米尔救回了索拉博，可此时的索拉博却因精神上的伤痛以至于完全失去了感情，唯有说起风筝——哈桑和阿米尔童年最喜爱的玩物时，他才会不自觉地笑起来。

阿米尔的结局是幸福的，他终于不再懦弱了，终于学会保护别人了。但这却是以哈桑的生命为代价建立起来的。

《追风筝的人》表现的不仅仅是友情，还有许多人性本该有，却沉沦下去的东西。《华盛顿邮报》评论说它没有虚矫赘文，没有无病呻吟，只有精炼的篇章，细腻勾勒家庭与友谊，背叛与救赎。作者对祖国的爱显然与对造成他今日沧桑的恨一样深。故事娓娓道来，令人难忘。

虽然故事的结局并不完美，甚至有些许苦涩与酸楚。但却很真实地反映了当时的社会。人生就是这样，犯错，错过，失之交臂，再用一生来挽回。

流浪狗之歌

林 檬

我蹒跚地爬上主人的车。柔软的真皮座椅，与女主人的桂花香水，很快使年老的我昏昏欲睡。我知道，主人又要带我去玩了。许久，吹进车里的风渐渐有了泥土的芬芳，我从车窗向外瞧，哦，是漫漫长路旁麦田的清香。

车停下，我被主人抱下了车。我开心地小声叫唤，主人却冷漠地转身，关上车门，匆匆驶去。

我愣住了。紧接着，我在车后的黄尘中追赶。我拼尽全力，我猛喘着粗气，心脏剧烈地跳。额前过长的毛与黄沙蒙住了我的双眼，我仍在追。我的四肢机械地奔跑——我不能停。可是，我无比熟悉的红汽车已经离我远去了。

我呆坐在泥泞的路中央，茫然地望着无尽长路，任凭眼泪在脸颊肆意流动。夕阳下，长长的影子，似乎与冷风一同讥笑我的悲惨命运。我未想过这一天，我就这样被抛弃了吗？我要怎么办？一股电击般的痛楚侵蚀着我的每一寸身体血肉，我感到难以言喻的悲伤，使我的心冰凉。我踽踽而行，沿路洒下一串串低低的哀鸣。

我坐下，前面是车水马龙的道路。俯下身，我隐约嗅到了麦田的气息。面前一辆辆车急驰而过，看得我眼花缭乱。阳光退到了我的尾巴尖儿上，我是多么渴望，那辆有桂香的可爱的红色汽车能在我面前停下。女主人能温柔地抱着我，叫我一声“宝贝儿”啊！我还在苦苦等待，可直到繁星当空，寒风瑟瑟，我也没有等到。

我倚靠着身旁的土坡，远处的城市灯火辉煌。我想起曾经在屋中的安逸舒适，只好苦笑一声，我现在是流浪狗。

我顺着马路走，来到一片村庄。我在小巷中穿梭，在肮脏的垃圾桶中找食。良久，我寻着一根未吃净的骨头，正要享用，就窜出几只恶狗抢食，我只好悻悻离去。虚弱的我毫无办法，只好向一户人家乞食，却只得到那家男主人的拳脚……

夜深了，我已经没有力气再前行，只好钻进一个稻草堆休息。难以抵挡的寒冷浸透了我的身心，明天，明天我该怎么办呢……

蜜蜂克星——姬老师

陈舒娴

自从上了四年级，我的数学老师变成了姬显义老师。

姬老师是东北人，有一口浓浓的东北腔，有时候还会突然冒出一句英语。姬老师很幽默，课堂上总爱开玩笑。一天，班上很吵，姬老师说："我有时挺喜欢老师一来就大叫'老师来啦！'的那种人，因为他会提醒班上同学要坐好。但有时又不喜欢那种人，因为'老师来啦'很像以前的'日本人来啦！乡亲们快躲起来！日本人来啦！乡亲们快躲起来！'我讨厌你们把我当成日本人！"我们听了捧腹大笑。

那天早晨，灿烂的阳光笼罩着大地，我们正专心致志地听姬老师上课。突然，一个不速之客——蜜蜂闯入了我们班。蜜蜂在半空中飞来飞去，同学们恐惧地看着它，左躲右闪。姬老师站在一旁，面带着高深莫测的微笑，看着这只可恶的“不速之客”，冷冷地说：“看来这只蜜蜂想和我比一下谁更有吸引力。”只见姬老师顺手拿起桌上的数学书，慢慢靠近蜜蜂，大家屏息凝视，气都不敢出，全班静得连针掉在地上的声音都听得见。当姬老师和蜜蜂只隔五厘米时，他突然大喝一声：“蜜蜂，哪里逃！”接着双脚跃起，用数学书往蜜蜂拍去。只听“嗡”的一声，蜜蜂在半空中划过一条美丽的弧线落在地上，“口吐白沫”。这时，班上的男生蜂拥而上，把蜜蜂踩成了碎片。

“啪啪啪”，全班响起了热烈的掌声。这时，姬老师微笑地说：“你们太狠了，我只是把它请下来，你们就把它踩扁了！”“哈哈哈！”大家哄堂大笑。从此以后，只要有蜜蜂来，同学们都会叫起来：“快叫姬老师来！”还有一次，一只蜜蜂飞进班级，姬老师刚好路过，蜜蜂马上知趣地飞走了。

姬老师真是蜜蜂的克星啊！而对我们而言，有姬老师的课堂就有快乐的笑声。

瞬息万变的校门口

林紫晴

“丁零零……”一声清脆的铃声打破了安静的校园，校园顿时沸腾了。家长们用各式各样的交通工具四面八方地赶来，有的家长开着气派的小轿车，有的家长骑着“熊猫”牌电动车，还有的家长则开着摩托车风风火火地来到校门口。不同的喇叭声聚集在一起，成了一首“噪音交响曲”，时不时还有人助唱：“让让，快让让，别挡道啊！”

校门口太堵啦！人们摩肩接踵，你看，这位白发苍苍的老爷爷焦急地挤在校门口，好像在看准时机好悄悄溜进这水泄不通的校门。你别看这位爷爷白发苍苍，其实身手不赖哦！呵呵，他正是我的外公。你再看，一位叔叔正踮起脚伸长脖子目不转睛地盯着校门口，生怕自己一眨眼错过了，没接成孩子。

放学时的老师们可忙活了，他们前脚刚一踏出校门，后脚还没有及退回，就已经被家长们里三层外三层地包围住。一位妈妈开口了："老师，我家孩子最近怎么样呀？"老师刚要讲，又一位妈妈脱口而出："我的孩子最近是不是给您添了许多麻烦呀？"层出不穷的问题涌上来，老师已经"口吐白沫"了。

这就是校门口水泄不通的场景，但是上课铃声一过，学校立刻就会从喧闹恢复了它应有的宁静，真是"开关"自如呀！

宝剑锋从磨砺出

毛宇晖

“宝剑锋从磨砺出”，想要获得成功，坚强的意志，长久的恒心和目标都是必需的。

今天的气温比往常要高过许多，连平时一些精力旺胜的同学也无精打采。但除了这炎热的天气外还有另外一个重要的原因——第二节课的长跑测试。汗水不断地从我的脑门上跑出来，双手绞在一起，因为用力的缘故手臂都显现出了几条青筋。朋友似乎看出了我的异样，跑来拍拍我的肩膀：“别担心！老师教过我们，‘宝剑锋从磨砺出’！我们可以用老师说的那个方法。”哦，我的脑海中浮现出老师描绘的画面：一位日本马拉松冠军在每次比赛前都会把全程分割成几个部分，每个部分选择一些参照物做自己的目标，如医院、学校、餐厅等等，他选定了目标后，在比赛的过程中逐个击败这些困难，最终凭借着巧妙的方法与顽强的意志获得了胜利，成为冠军。想着想着，我浑身又充满了力量。

铃声打响了，大家都集中到了跑道上。老师吹出哨声，一列接着一列的人向前跑去。四周变得沉重而炎热。没有风声，没有鸟鸣，只能感觉到自己猛烈的心脏跳动声。我冲出了起跑线。我尽力为后面保存体力，但是似乎并没有什么太大的作用。我跑完两圈了，离终点还有八圈，我已经略微显现了疲惫，但还能坚持。我跑到第四圈之后，双脚就像注了铅般沉重，汗水像水龙头中的自来水一样不停地往外流。我突然想起了那个故事，我做到了把全程分成十个部分，但是我能完成吗？我也能成为“宝剑”吗？我咬紧牙关，迈开大步坚定又艰难地向前跑去。

凉风呼呼地从我身体经过，为我拂去了脸上的汗水，似乎在给我加油。前面的同学有的头发因为汗水糊成一团了；有的人面红耳赤，大口大口地喘着气；有的人汗水完全与衣服融合在了一起……但是他们没有一个停下脚步。再一次回想起那个故事，那一句话。它们再一次给予了我巨大的能量，支撑着我最后冲过终点。

古人是多么有智慧啊！将人生的道理，概括成如此简短的话语，却又表达得如此具体准确。在以后的道路上不论遇到什么困难，我会常对自己说：“宝剑锋从磨砺出。”

成长的歌谣

王思懿

岁月不会回头，抓住今天的每一秒，把希望系于明天的云彩，成长就是希望编织的彩带，串联回忆和向往。

“哆……咪……”一阵阵的钢琴声传遍了整个小区。疲惫不堪的我坐在座椅上，挥动着我的手臂，艰辛地弹着钢琴。此时的我已是大汗淋漓。下周就是一年一度的钢琴考级了。

“加油，加油！”妈妈的嘴仿佛不会关闭，它就像一根柱子，将我撑住。

“休息一会儿都不行吗？”我有气无力地瘫在了钢琴上。

“不行，下周就考级了，再不弹，你考得上吗？”

我大发雷霆，“那你打算累死我吗？”

妈妈脸上的笑容消失了，脸色凝重起来，她转过头，语重心长地说：“你看，现在是春天，竹笋在地下等了一整年，这一整年，它拼命在成长，还不是为了这一刻吗？这一刻，它突破重重障碍，钻了出来，虽然这么久它历尽艰苦，但它并没有放弃，连竹笋都没放弃，你怎么能放弃呢？你难道不像这竹笋吗？你弹了这么多年，不就等这一刻？”

妈妈的这番话深深地触动了我的心，是啊，都练了这么多年，怎能半途而废，怎能对不起这架钢琴？它就像我的朋友，每天都陪伴着我，一个朋友，怎么能就这样放弃？

我忍住了手的酸痛，重新开始弹奏，一遍又一遍……

在那一周的考级上，我成功通过。

成长是一曲刚健的歌谣。走进田间地头，听拔节声声，走进森林旷野，听万籁和鸣。理想与追求，自信与坚持，这就是成长的旋律。在成长的行列里，弹奏的是前进的音响。

收藏生活的美丽

白潇洋

一抹胭脂色的旗袍，衬出乌黑流苏般下垂的长发，照片中的女子伫立湖畔，婀娜于江南的朦胧烟雨中，笑靥如花。照片虽然有点儿泛黄，可那双肤如凝脂的手，却留驻了十几年，触动我的心扉。

“妈，这真的是你吗？”我拿着收藏已久的老照片，有点儿怀疑地看着妈妈，而妈妈笑了笑，“当然了。”灯光下她的面容虽然已不如以前那么姣美，却也依稀看得出和照片里有几分相似。

“可惜，过了这么多年，美丽也只能在相片里看到了。”我这样叹息，妈妈似乎没听到，往厨房走去，很快一股香味就从那里扩散至全家。过了一会儿，妈妈的身影从灶台前轻步移出，冒着白气的饭菜把餐桌装点得五彩缤纷。我跟进厨房，妈妈紧握锅铲的手上下翻飞，在这方寸之地舞出一簇香氛。她的手有的地方有点儿龟裂，肤色也染上了一层暗淡，然而它们还是美丽的，让厨具在它们的把持下各司其职，一盘盘佳肴也随之悄然浮现。

在双手的挥动中，我仿佛又看到了照片中年轻时妈妈的身影——无论时光变迁，美丽永远停留在她的双手上，只不过表现的方式不同罢了，用这样一双手打理好这样的一个家，不也是朴素永恒的美吗？

桃花一时的粉红凋零，却结出枝头累累的果实；朝阳片刻的绚烂隐匿，能唤醒生机勃勃的白昼；春风刹那的凉爽消退，但带来绿茵葱茏的复苏……随着时光的变迁，它们的美也在改变，就像妈妈的手一样，美由外表渗透到内在，经久不衰、更具韵味。而学会发现这种美，才能不因光阴飞逝而叹息、遗憾。

我们不能左右时间，更不能左右随时间改变的美，但我们可以把它们用心记录下来：桃花，可以绽放在相册间；朝阳，可以喷薄于画板上；春风，可以吹拂进心底。收藏生活中的美丽，你会在回味时惊讶于它们的变化，也会拥有一段完整的多彩的人生。

指尖之美，绽放在十几年前的江南，也展露于扑鼻而来的饭菜之香。

画不圆的圆

杨同舟

圆，在我的心中，是圆满的，是美满的，是充实的。可是今天，当我画代表自己性格的圆时，却怎么也画不满，这不正是人无完人，金无足赤吗？我决定要在觉醒中丰富自我，圆满人生。同时，也丰满这个代表性格之圆。

细数我各种各样的优点，唯有信守承诺最为出众，举个例子吧！前不久，那个下午最后一节自习课，我正在看《酒神》这本书。我飞速地看着，因为答应了同学放学给他看。我一页一页快速浏览，时间也一点一滴迅速飞逝。临近下课了，我却还有三十五页未看完。快点儿，再快点儿，待会儿还要借别人呢！我心里一直默念道。“叮叮！”下课了，我内心十分忐忑，书还有十页没看呢，可是看那同学十分焦急又期待的样子，我怎么忍心不把书给他呢？我的内心似乎有两个小人在争辩，而借书的那方占了上风。我又想起不借书的后果，“信任”可能就在这样的小事中溜走了。所以，最终我毫不犹豫地把书给了同学。

虽然有许多优点，但有一些缺点也挺让我烦恼。记得五年级的那次期中考试，我在家里广做各种习题，把数学书都读透了。所以，我自以为不用认真就可以考到高分。考试那天，我根本不怎么看题目，直接填答案。就是因为这样不专心的答题过程，速度与质量不成正比，这也使我早早做完却没有仔细检查。最后，我竟只考了八十四分，倒数几名。

我多后悔没有仔细检查，我多后悔没有认真对待题目，但后悔为时已晚，我也认识到骄傲的愚蠢。

在未来的日子里，我希望能更清楚地认识自己，扬所长避所短，用心画好属于自己的圆。

一场没有硝烟的战争

林　烁

看着卷子上一条条红笔小勾，还有卷头的闪闪发亮的“100”，我心里洋溢着喜悦和快乐。

“沙沙，沙沙……”黑笔在纸上舞蹈，汗珠从额上掉落。“好难呀！”我正在上奥数课。这卷子上的白纸黑字简短而整洁，但它现在却是令我眉头紧锁的敌人。我在纸上一遍又一遍地验算，脑海中一点一点地寻找解题的线索。我抬起了头，看着黑板，眼前似乎浮现老师刚刚上课的内容，那不就是答题的方法吗？

心中一下子充满了信心，接着就是继续高歌猛进。一题，两题，三题，无数的敌人倒下了，倒下了。空白的卷面上瞬间变得毫无缝隙，仿佛再添一字就会被挤出去似的。我把卷子翻了过去，满脸的微笑，可是等看完了题目，我惊愕极了。半路杀出个拦路虎，我的微笑消失了，信心消失了，喜悦消失了。好一个老师，分明是个“阴险”军师，将奇兵埋伏在了卷子背面。我挺着“长枪”，左挑右刺，还是没有思绪。我气愤地把笔丢在了一边，看着这题目，无奈地摇了摇头。闭上了眼，眼前是黑暗。我绞尽脑汁，时间一分一秒流逝。放弃？不，这是懦弱者的代名词，世界上没有攻克不下的堡垒，只有临阵脱逃的懦夫！我深深地吸了一口气，让纷乱的思路清醒，让扰乱的心神平定，思考，思考，再思考！突然，我睁开眼，在卷上写下了答案。“噢，噢！”我差点儿叫出声来了，我会了，我会了。

这时，一直“宅”在讲台旁的老师扶了扶耳根上的眼镜，起了身，在我们身边来回走动，巡视我们的答卷。老师从我身边经过时，驻足，拿起我的卷子。我的心跳到了嗓子眼儿，汗流得更快了，手也情不自禁抖了起来。“希望我的答案是对的，上帝保佑！”我有些不敢抬头看老师，但好奇心却驱使着我的眼珠时不时向上挑着，我还是抬起了头。老师眉头紧锁，手也放在下巴抚摸着，我紧张极了。突然，就像一盏光芒万丈的神灯，不是吧？不是吧？老师笑了，笑得灿烂，阳光驱走了我心中的阴霾。老师点了点头，放下了卷子，对我说：“孩子，加油，继续做吧！”

结果不用说，我得了满分。思考，为你带来快乐；意志，助你收获成功。每当我回忆起那场与众不同的没有硝烟的战争，我心里顿时充满了成功的喜悦。

掌声响起来

严子玄

掌声，是付出后给予你的回报；掌声，是一次又一次令人惊喜的认可。

记得四年级时，有一次刚考完试，同学们就纷纷猜测自己的成绩。“完蛋了，这次一定不及格！”“怎么回事，才四年级就这么难，以后可怎么办啊！”“啊！回去就要完蛋了！”听了大家的话，我害怕极了。此时，教室外的天阴沉沉的，要下雨了——仿佛天空都为我们哭泣。

下午，我们全身发颤，那考卷就像我们的判决书。老师终于开口了，他阴着脸说“这次考试我们班很差，大部分都在八十五分之下，但是有一个满分。”我自我安慰，说不定那一个满分的就是我呢。虽然是这么想，但是心里还是忐忑不安。“这次的满分的人就是——”老师顿了一下，说道：“严子玄。”我顿时从忐忑中解脱了出来，一颗不安的心终于放下了，此时再没有一个词语可以表达我那时的心情了。老师说：“掌声响起来！”顿时，教室的屋顶就像要被热烈的掌声震飞了。

我完全沉浸在这个意外的惊喜之中了。这个好成绩和我平时的努力、认真的复习是分不开的！记得在考试前一天晚上，我挑灯夜战，将那一些公式、题型颠来倒去地背得滚瓜烂熟才去睡觉。半夜，考试不及格的噩梦把我惊醒，头脑一片空白，一个字也想不起来了，于是我又马上跳下床，背起来……这一百分，不是命运女神的眷顾，而是我辛勤耕耘收获的金色秋天！

现在，这掌声还常常回响在我的耳畔，不仅仅是回忆，更多的是鞭策，它时时警醒我：永远不要停下脚步，山外有山，人外有人，只有前进，才不会与落后为伍！

面　具

施　祺

北风呼啸，我不由拉紧了外衣。走在曾经的旧街区，道路延伸至那个曾经令我最为难忘的面具铺位前，定睛细视，那店铺早拆了。一种复杂的情绪涌上心口：不错，早该拆了。但是从那次教训起我开始学会不再武断，学会看人。记忆随北风飘回从前……

几年前的早上，如今日一般寒冷，我还是个不谙世事的小孩儿，那时正兴奋地走向面具铺，脑海里虚拟着那个大人口中如狐狸一般油的店主。有点儿兴奋，有点儿紧张，像在冒险。嗯，到门口了。腿停了，头向店向探去，尖厉的声音却从身后响起："嘿，小朋友，我不在店里呢。"我吓了一跳，回头，嘴张大着却说不出话来。阳光被厚云层遮住了，留下一片黑暗，但我也能隐约看见他的脸：大眼睛，厚耳垂。我正犹豫着是进是退，店主仿佛看出了我的停顿，笑着说：“不买也行，小朋友，进来坐坐吧。”我跟了进去。

时间充裕，我一边挑面具，一边和店主聊天。谈话中，店主告诉我，他曾骗过一次我们住户的一笔钱，后来后悔了，却没有人理他，小区住户都排斥他。不知道怎的，我居然认为他像个好人，很像很像，一个改过自新的好人。

这时，一位大婶走了进来。她挑了一面较贵的面具，店主起身招待。经过一番讨价还价，最后五十元成交。我看了看那个鲜艳的面具，挺值。在送走大婶后，我也准备起身告辞，但不小心，手一抬，竟碰丢了一个同大婶买的一样的面具。地上的面具微微开裂，肯定是卖不出了，我就如热锅上的蚂蚁一般团团转，要明白，我才带了三十元啊！

店主仿佛看出了我的焦虑，叹了口气：“小朋友，三十元有吧？卖你三十元。”我如释重负，像抓救命稻草似的抓出三十元，扔给店主，头也不回地跑回家。

第二天，我走到面具铺口，手里抓着好不容易凑齐的二十元，正想道歉，却看到了戏剧性的一幕：店里也有一个小孩儿，也有来个和昨日一般的大婶。而大婶也买了五十元的面具，在大婶走后小孩儿起身时，店主却偷偷将面具放在小孩儿一碰就掉的地方……

我一口气冲回家，疯狂地打开电脑搜索，目瞪口呆：

那面具只值五元!

又一阵凛冽寒风袭来，我脖子一紧思绪重归现实。

我突然笑了，多想告诉你：店主，我早已看穿，你真正的面目是虚伪和自私。但也要谢谢你，是你，用那次如梦却真实的经历，教会我去伪存真，因为每个人都有他自己的面具。只是，如果这世间人与人之间，少几张面具，是不是更好呢?

一杆鸟枪

毛培文

清晨的几缕阳光呼吁着动物们起床，参差不齐的树梢，清澈见底的小溪，一切都是那么静谧，令动物们向往。

在这生机勃勃的森林里，却有一个阴森森的、让动物们畏惧的东西藏在树丛后面，那就是——鸟枪！它那黑洞洞的枪口，随时能让动物致命！它像一道冰冷的目光，居高临下地监视着动物们的一举一动。

而在森林中宽阔的草地上，汇集着一大群鸟，他们正在嬉戏玩耍。其中一只幼鸟独自从鸟群中跑了出来，它做什么去了？原来它看见一只五彩缤纷的蝴蝶飞了过来，受不住它的诱惑，就跟着跑出来，鸟群中的一只鸟老师发现了，急忙追了出去。

小鸟越跑越远，而鸟老师也紧追不放，正在追逐的鸟老师细心地发现了一杆鸟枪出现在森林里，只露出一个枪口。它警觉地把小鸟叫住了，小鸟也因为蝴蝶不见了而停下，此时鸟群都跟了过来。鸟老师沉重地指着鸟枪说："大家小心点儿，看到那个黑乎乎的小洞了吗？那个可能就是鸟枪，我去侦察一下，若有不对劲儿，你们一定要跑！"鸟群一阵骚动。

鸟老师走近点儿看，以它多年的教学经验，发现这只是一杆鸟枪，背后没有猎人，它深吸了一口气，转过去对它的学生们说："这东西很危险，幸好没有猎人，不然我们都得完蛋，"说着它推了推眼镜，上前几步，扣动了扳机，朝天发射，"砰"的一声，发出了震天动地的巨响，鸟儿们都吓傻了，瞪着圆溜溜的小眼睛，惊得飞起来。

"我，我还知道，如果把它对准头，就，就没命了！我听妈妈说，爸爸就是这，这样死的！"一只小鸟抽抽噎噎说着。

老师眼中闪过一道同情的目光，接着，又是两道愤怒的目光，它气愤地说："是的，就是他们，那些可恶的鸟枪，让我们失去至亲。"

"没错，我们一定要想办法制裁它！"小鸟们异口同声地叫着。它们年纪尚小，但是失去至亲的这种伤害，无疑让它们成长得更为艰辛，可是，想制裁鸟枪们，又谈何容易。

这时，鸟老师想到了一个方法，它飞到法院，告诉法官有人非法捕猎。第二天，鸟枪被法院抓走了。小鸟们得知这个消息，都快乐地在天空飞来飞去，还举行了盛大的庆祝晚会。森林，又成为鸟儿们安全温暖的家了！看来，要制裁那些讨厌的人类，还得靠人类中的正义之士啊！

给心灵一个开花的机会

父爱的秘密

杨同舟

生活中有许多秘密等我去发现，父亲给我的爱则是我永远猜不透的秘密，或许是因为我平时常把它忽略。

“怎么回事呀？被子怎么包得如此严实？昨天晚上明明都掀掉了呀！”我费力挣脱缠得严实的被子，疑惑不解地叫道。心里不禁想：“为什么每天早晨起来厚厚的被子都盖在我身上？每次睡前我都是只盖薄如蝉翼的一床被子，还经常掀开，并没盖这么平整，这是怎么一回事呢？”我看着被子，呆住了。

“可能是因为天冷，你冻得全身发抖，下意识去盖被子吧！如果你没盖被子，就着凉了呢！快点儿去吃饭吧！饭快凉了！”爸爸边催促我边说。

“那也是，要不然今天上不了学了！”我好容易从被子的束缚中挣脱出来，就去吃饭了。

连续几天，情况依旧是这样，我每次睡前都没盖被子，可是每天早晨起床，自己还是被一层层的被子紧裹着。直到有一天，爸爸出差了。妈妈来照顾我睡觉，她与我一起睡觉。可是，我发现每天睡前裹得紧紧的被子，一到早上就早被踢飞了。我对妈妈笑着说："昨晚意识失灵，所以被子掀开了。"妈妈对我笑了笑没吱声。

就这样，我每晚还是常踢掉被子，直到爸爸出差回来，"裹得严严的"这种情况再次出现，这把我的好奇心勾了起来。我想，这个秘密肯定与爸爸有关，我要破案。

那天晚上，大家都睡了，但爸爸却迟迟未归。正当我准备睡去时，只听见"吱啦"的开门声——爸爸回来了！我急忙掀开被子，装成沉睡许久的样子，静静地等待。爸爸过来了，他来不及放下沉重的包，就走进我的房间，轻轻提起被子，帮我盖上，还小心翼翼，生怕把我吵醒。就这样，我身上的被子盖得整齐了。

秘密终于被我发现！

我下意识睁开了眼睛，却只看见父亲异常疲惫的背影。

我心里默念着：父亲！它不只是一个称呼，它还含着深深的爱的秘密，要我用一生去了解，了解他给我的惊喜，为我的付出……

无言的父爱

周昕源

在我的印象中，父亲总是沉默寡言，不苟言笑，总是在角落默默地注视我。因此，父亲的爱，也似乎在岁月的河流中慢慢被湮没了……

父亲喜欢种花草，因此我家的阳台上永远都是姹紫嫣红，生意葱茏。父亲珍爱的植物很多，玫瑰、兰花、君子兰、海棠花、龟背竹等数不胜数。我看了不免心动，便也和父亲商量着，去花鸟市场买了些太阳花种，也过一把种花瘾。父亲拿来一个底下有洞的花盆，装了些土，便手把手地教我种花。先是用铲子把土捣松，然后细心地把种子一颗颗埋好，再把土埋实了，最后把水浇进去就行了。我手忙脚乱地忙着，忙得不亦乐乎。一粒粒豆大的汗珠从我的额上渗了出来。父亲默默地帮我忙活，一点点教会我怎样种花。

忙活了半天，一个装满土的花盆便已摆在了阳台中央。我不免担心：这样能长出来吗？父亲微笑了，点点头，“有阳光和水，这种子过一星期左右就能发芽。”就这样，我满怀期待地盼着那嫩绿的小芽长出来的那一天。

一天，两天，我每天放学总会不忘了看一下我的太阳花，浇点儿水。一星期过去了，嫩绿的小叶从地里探出了小脑袋，两片叶子上的脉络清晰可辨。我兴奋地合不拢嘴，笑吟吟地和父亲看着意气风发的小苗。那天晚上，一向爱失眠的我竟香甜地做了个好梦，梦见了小苗长成了小花，我坐在了那巨大的花盘上了。

小苗长成后的第四天，我惊愕地发现花盆里一片狼藉，小苗早已奄奄一息。我呆若木鸡，半晌没回过神来，泪水在我的眼眶里打转。不知何时，父亲站在了我的身旁，什么也没说，只轻轻摸了我的头，这个细微的动作让我平静了许多，也感受到父亲默默地关心。

从此以后我再也没种花，但我忘不了那无言的陪伴与安慰。

父爱的深沉，也许就是在你失意时默默地陪伴；父爱的细腻，也许就是在你落寞时鼓励的眼神……这就是无言的父爱吧！这是一种需要用我的一生去体悟的爱。

仅仅是玩具吗

汤圣宜

我的父亲在国外工作，我虽然想他，却也总觉得与他有些疏离。

记得那一天，我非常开心，因为父亲要从罗马尼亚回来了。他是第二天早上八点的飞机。这个夜晚由于等待显得特别漫长。“丁零零……”是父亲的电话，电话那头传来他的询问：“想要爸爸给你带什么礼物吗？”我有些惊喜，“当然要！我要五部小汽车模型。”在一旁的妈妈一听，生气地斥责我：“不行！你知道一部汽车模型多少钱吗？太浪费了，还不如买些实用的！”说罢，一手抢过电话。我只好屈服了，极不情愿地告诉了父亲：“我不想要了。”

第二天中午放学，我依旧开心地走回家，因为要见到许久没见面的父亲了。越想越激动，全然把礼物的事给抛之脑后。一打开家门，还未见到父亲，就见四十部模型汽车摆在了茶几上，有红的，绿的，黑的，白的……我立刻伏在了车前，简直不敢相信自己的眼睛。心想：不会吧！这么多的车，这不会是做梦吧！就在这时，开门声把我惊醒了，妈妈走进来。我问妈妈：“这是我的吗？”“当然！今天是我们宝贝儿子的生日！”爸爸从妈妈身后走出来，一把抱紧我，“你喜欢这些模型汽车吗？”“喜欢，绝对喜欢！但是……”爸爸说：“你的生日，我想给你一个大惊喜！那天太迟，第二天一早我就匆忙坐车赶去买了这些汽车模型。”我一听，鼻子一酸，眼睛模糊，紧紧拥抱父亲，对他大声说道：“爸，我爱你！”

一部部汽车模型，仅仅是玩具吗？

不！更是一份深厚的，浓浓的父爱。

我的“百宝箱”

吴培锟

我的外婆是个小学教师，虽已年近七旬，思维还很活跃，可以说是我的一个“百宝箱”。

“百宝箱”里有知识

“哎——”我紧紧地咬住铅笔，眉头皱成了一团，目光锁定在了奥数书的最后一题。正好外婆端着一杯水走进房间。“孩子，快喝了这杯热水！咦？你怎么了？你唱的是哪一出啊？”

外婆这番风趣的话使神情凝重的我也“扑哧”一声笑了。随即郑重地说：“我这道题不会做，您能教我吗？”“没问题，这点儿简单的题难不倒我。”外婆胸有成竹的话语伴着爽朗的笑声。只见她伏在桌上，拿来一张纸，抓起笔不停地运算。她时而蹙着眉，摇摇头，自言自语地说："不行，不能这样做！"拿起橡皮擦了又擦；时而脸上泛起红晕，想"这下有解题思路了。"不停写着算式。加减乘除，沙沙的笔声在我耳边是一首优美的曲调。

过了一会儿，外婆拿着稿纸来找我，跟我讲解该如何运算，以及解题的思路。"外婆，您真聪明，真是我的'百宝箱'哪！"我称赞道。"那是，我二十多年的小学教师可不是白当的。"

"百宝箱"里有快乐

前段时间，我的脚受伤了。钻心的疼痛使我嗷嗷叫。虽然打了石膏，也并非高枕无忧，我只能用单脚跳着行走。一趟来回，我已是大腿发麻，小腿发酸。为此，我十分郁闷。

外婆看出了我的郁郁寡欢，问我怎么回事。我道出了自己的苦闷，她听完微微一笑，神秘地说："我有一个法宝，拿来给你试试。"我心中暗喜，对自己说："终于可以方便地走路了！"她弓着背走进房间，不一会儿，拿着一张凳子走出了房间。骄傲地说："这就是我的'法宝'！"我哭哭不得："凳子怎么能帮我走路啊？您骗我！""我骗你干什么！我示范给你看。"她把凳子往面前一放，一只脚翘起来，表示我的伤脚，一跳，再把它往前一放。这滑稽而又笨拙的动作使祖孙俩哈哈大笑。

随着时间的推移，“百宝箱”会越来越旧。但那些宝物历久弥新，永放光芒！我要好好呵护这个“百宝箱”，让外婆与我同欢笑。

奶奶“带动跑”

游哲伟

如果你让我去运动，你一定会吃闭门羹！我跑步半圈就叫累；俯卧撑三下就趴下；跳绳十下就喊脚酸……但是，在奶奶的带动下，我改变了。

早上，一缕阳光射入我的房间，妈妈叫我吃早饭。我一听，以迅雷不及掩耳之速穿好衣服和洗漱，立刻冲到饭桌前狼吞虎咽起来。妈妈看了，丧声叹气地说：“你这身材可怎么办？”“反正我不会去运动的！”我说。妈妈嗔怒道：“你个懒鬼，吃完饭就去跑步！”

胳膊拧不过大腿，母命难违，我只好硬着头皮去运动场了。

我走到起点，开始跑步。但跑到一半，体力就不行了，拐到一旁坐在椅子上。这时，奶奶来了，她是每天都要来晨练的。见我坐在椅子上，奶奶问：“你不去跑吗？”“我等一会儿跑！”奶奶听我这么一说，叹了一口气，欲言又止，只好自己去跑了。

我悠闲地坐着，似乎过了好久，奶奶又来到我跟前说：“哲伟，奶奶都跑了十七圈了，你怎么不去跑啊？”

“十……十七圈！”虽然一圈并不长，但这么多圈！

我吓了一跳，看看周围，有许多和奶奶年纪一样大的爷爷奶奶都在锻炼。我惭愧得脸通红，我这个朝阳，都比不过夕阳，多丢脸啊！

我站起来，打起精神，又开始跑步了。跑呀跑呀，一圈一圈，看着奶奶的身影，竟感觉不到一点儿累！最后，奶奶看我已经大汗淋漓，叫住了我，意味深长地说：“哲伟，你一定要坚持不懈，不可以总在困难面前退缩，这样一件事都做不成，甚至跑步！你今天很不错，竟跑了五圈！”五圈！我心头一震，我以前都跑不到这么多圈呀！

以后的日子里，跑道上，常常看到一老一少两个身影并肩跑着，一圈，一圈……

现在回想起来，我的进步，多亏了奶奶，是奶奶改变了我。但仔细想想，改变我的，又不全是奶奶……

灯·父亲·我

周宏阳

做人或读书，做梦或远行，父亲都是一盏灯，风里雨里都陪伴在我的身边。

夜，悄无声息地来到，我打开了书桌前的台灯——那是陪伴我多年的一盏台灯，在几年前，父亲特意为我买的防近视台灯。那明亮的灯光清澈如水，明净如月。多少个夜，这盏灯给了我希望，而我的父亲就是黑夜里那永不灭的灯。

记得无数个宁静的夜晚，我坐在台灯下埋头苦做着难题，一直苦思冥想，而且久攻不下。父亲总是从我身后悄悄走来，出现在我身边，看了一会儿后，皱了皱眉头，拿出一张草稿纸，不停地演算着。台灯下，父亲的脸一半映照着明亮，一半埋在了阴影下，深深浅浅的眉眼都在诉说着对儿子的关爱。随即眉头舒展开来，便对我点拨思路。

他的话语似一支童年的歌谣，熟悉的语气、声调无不让我回忆着从儿时起他的陪伴。这时柔和的灯光洒在我们身上，温暖地照亮了书房，一切都是那么和谐，灯人合一。

校运会时，我报名参加了男子一千米跑。于是每天夜里，爸爸都要陪我去练习跑步。在柔和的路灯下，爸爸和我在空旷的跑道上奔跑，我们围着跑道一圈又一圈地跑，渐渐地我的头发上、身上，密集的汗珠湿透了衣裳，大腿也沉重如铅块，心里的不自信无限放大，步子渐渐慢下来。

我抬起头，看见爸爸在前面，他弓着背，双臂一前一后地摆动，双腿吃力向前迈，身子向前倾斜，像要倒下似的，但是他仍然坚持，奋力向前跑。灯光下，他那日益增多的白头发依稀可见，他的背驼了，他已不再年轻，但他那再普通不过的身影，此时却是世上最美的背影。于是，我便咬紧牙根，提起劲头，奔向他。

父亲笨拙地用他对生活的感悟和经验引领着儿子走向未来，他就像是一盏灯，并不那么亮眼，却坚定地为我照亮方向。现在的我，无论遇到什么样的困难，都不会退缩，即使在黑夜，也会勇敢地前行！

暖暖的母爱

翁康怡

想起每天早晨七点三十分从门口传来的脚步声，四十摄氏度的温热牛奶，那个永远温柔的笑容，我就会勾起四十五度的嘴角，想起“妈妈”，这个温暖的称呼。

十一岁了，妈妈经常让我独自一人去走走，培养一下独立的能力，我开玩笑说，要是我走累了，找不到回家的路了怎么办？“呵呵！”妈妈也笑了，打趣地跟我这个都快有她高的孩子说：“那就跟着心走吧！你的心里会住着一份母爱喔！她会带你回家的！”说着，就要作势来捏我的脸，我俏皮地往旁边一闪，“多大了！还说这么幼稚、恶心的话。”她又“呵呵”地笑了，把我“赶”出家门，关门之前，还不忘叮嘱一句：“好好玩啊！按时回家！”我走下楼梯，脑海里浮出刚才的打趣的话，不知为何，心里总是暖暖的。

妈妈的眼睛很漂亮，深褐的，大大的，犹如诗人笔下的“美目盼兮”，散发着智慧女性的美。但是身体并不好，去医院拿拿药，挂挂瓶，也是每月必修。每次我陪着妈妈去挂瓶时，当她看着我时，在有些浮肿的眼皮下，那眼睛发着亮光，漾着爱意，似乎在欣慰着我的懂事。而我，总觉得自己能为妈妈做得太少，那就让我把那温暖的爱也送给母亲。

在我心中，母爱的爱总是悄悄散发着自己的温度，它柔软而坚韧，不论我长多大，时间多长，母爱依旧是那样的温暖。

习　惯

林若玙

夜已深，家家户户都关了灯，沉浸在各自的梦乡，留下一片寂静，我望着窗外淅淅沥沥的雨，无眠。

世界仿佛只剩我一个人。

记得以前睡不着时，他总坐在我床前，任我的小手在他身上挠痒痒，然后待我打起了呼噜，一双粗大的手轻轻悄悄地将我的手脚放好，再盖上被子。许是他动作太粗鲁，或又是自己太敏感，他将离开之时，我的爪子再次死死钳住他的手臂，他只好又坐了下来。

有时，他竟彻夜和衣躺在我身边，早上，我醒来时，一旁，他的鼾声正一声响过一声，任我怎么摇晃也不醒。我喜欢这样和他在一起，可以把脚压在他软软的肚子上，或是侧着身玩着他的睫毛，再是搂住他的脖子，把脸靠在他胸膛上，听他平稳的心跳声像轻柔的催眠曲，我又睡着了。

可如今，由于工作的调动，他一周才回来两天，也断然不会再跟我一起睡了。每每拿起电话，那头传来的是一样雄厚但略带沙哑的嗓音：“早点儿睡！”寥寥数语。

唉！

我挂了电话，躺着，看着天花板，抱起他睡的枕头。凝视着，抱着，趴着，玩弄着，没有温度，没有心跳，没有熟悉的气息，没有温暖的怀抱，没有带着慌乱语气的安慰，房间在黑色夜幕的衬托下更加寂静，没有被我戏称“大猪蹄”的手给我擦眼泪，任由它模糊了钟声，没有的这一切应该就是“习惯”的味道吧。这种味道叫父爱。

虚掩的门

卢尚荣

夜已深，借着微弱的路灯，我看了看手表，已是九点多，一个人走在夜幕中，不时因为踩上路肩而差点儿摔倒在地上。

因为参加同学的生日聚会而这么迟回家，心里有点儿害怕。我匆匆一拐，走进了小巷。小巷黑沉沉的，一点儿光也见不到，打开手机，用其微小到可怜的光照着路前进。“哧”的一声，手机因没电而关机了，我暗骂着，心想还好给爷爷奶奶打过电话，让他们先睡，不要等我了。可是光一灭，黑暗中的生物猖狂起来，在我的脚边打转，有一只猫还撞到了我身上……

“总算到家了。”我暗自感叹，对我来说，家是一个比海滩、比油菜花地还美好的地方。让我惊讶的是，房门居然半掩着，从门缝处透出一丝光亮，我一把推开门，走进去，正想责备爷爷奶奶时……

“你可总算回来啦。”爷爷的话把我咽在口中的话堵回了肚里。

“爷爷，您还没睡？”

“我睡不着啊，你这么晚才回来！”

的确，现在九点半，平常这时候我都已经上床睡觉了。

“爷爷您快去睡吧！”

“好噢！”

我去洗澡，洗完澡，房间里早就传出爷爷奶奶轻微的鼾声，我放心地去睡觉了。

在床上，我却一点儿困意也没有，心中有个字挥散不去：爱。

那场忘记输赢的牌局

毛宇晖

临近期中考的一个夜晚，我刚做完作业，想放松一下心情，便拿起扑克在手中玩弄，突然想起那场忘记输赢的牌局。

滴答、滴答，雨珠掉落在窗户上，打扰了大家因为考试变得十分紧张的心。但也因此，这节体育课变成了一节自由活动课。难得有这样的休息机会，一个同学高兴地从包里拿出一副扑克，摆在桌子上激动地说："要不打斗地主吧！"他的这句话唤醒了我们心中压抑的玩性。"好！""好！"我们几个大声附和，并迅速围到一张桌子旁，你一言我一语，玩得似乎忘记了一切，连外面震耳的雷、雨声也似乎变得像虫鸣一样微弱。

正打着，一位同学从手中挑选出五张牌，猛地向桌子一砸。眼角的余光稍稍瞧了一下最后的两张手牌，眼中带着无比的自信，盯着我们几个看了一圈，右手正打算将这两张牌打出。但只见另一位同学咽了口气，快速抽出一副炸弹……看着这输赢不定的牌局，我们都情不自禁地放声大笑起来。

想到当时每个人的神情，有的喜笑颜开，有的无可奈何，有的耀武扬威……紧张的考试压力被扔到九霄云外。我们那天到底打了多少局，究竟谁输谁赢，甚至有没有输赢，我已经记不太清晰了，但是大家的每个笑脸，依旧历历在目。

今天，我再一次回想起那场忘记输赢的牌局，品味到的是那个过程给予我的友情的酣甜，即使有些朋友已离散，但曾经共度的快乐时光，已深深镌刻在各自的生命里。

老人与猫

张欣仪

两只眼睛一蓝一黄的小猫，最喜欢趴在她的主人——一位老人肩上，她们几乎每时每刻都在一起，相依相守，永不分离。

那年春天，这只雪白的小猫跑进老人的萝卜田里。老人正在种田，小猫用那一蓝一黄的眼睛怯怯地注视着老人。两双眼睛在田间相遇了，老人慢慢地，像是怕惊动什么地，小心翼翼地向小猫走去。最后老人抱起了小猫，对她说："小猫咪，你没有家吗？来，我给你一个家。"从此以后，这只被叫作"友美"的小猫，便成了老人的第二个影子。

"走哟，要去种田咯！"老人背起一筐萝卜苗向屋子里喊道，友美飞快地跑出来，来到老人身旁。老人摸了摸她的头，便弯下腰开始插幼苗。友美跳到老人对面用自己雪白的小爪子抛出一个浅浅的小土坑，带老人把萝卜苗放进去，又用自己的小爪子把土坑填上，又快速跑去挖第二个土坑。老人一边种田一边笑着："不用跑，友美，慢慢来！"

夏天是吃西瓜的好季节。老人坐在桌边吃着一片又脆又甜的西瓜，友美则躺在一片老人的影子里，眼睛瞟着那片甜甜水水的西瓜，这被老人发现了，"友美，你想吃西瓜吗？"于是她挖了一块瓜瓤喂到友美嘴里。吃着西瓜，友美把眼睛眯了起来，一脸的满足。

秋天是萝卜味道最好的季节。这时老人总会挑着萝卜去集市上卖，不忘把友美也带出来。这时候友美是老人的助手，她用一种"求带走"的眼神俘获了众多顾客的心，因此老人的生意总是格外的好。

冬日是农闲时节，老人每天上午都会坐在桌边悠闲地看报。每当老人一字一句地读着报，友美也会跳上桌来。这时老人便会在报纸上这指指，那指指。友美的目光也会随着这手指跳跃，仿佛她也看得津津有味。

每当老人买鱼回来，友美便会跳上桌，出神地看着老人刮下鱼鳞，切下鱼肉，接着咂摸着嘴，细细品味着鲜美的鱼肉。每当这时老人就笑了，又忍不住再切一块鱼肉给友美。

老人的生日到了，她的儿女给她买了猫形的蛋糕，上面写着"86"。友美也跳上桌给老人庆生。傍晚，老人和友美一起看晚霞，天空五彩缤纷，红色，橙色，粉色……好像有人把各种各样的颜料洒满了整个天空。一轮火红的太阳在缓缓下坠。老人对小猫说：“我们在一起，要永远在一起……”

一只雪白的小爪子，放在了那只苍老的手上。她们一起看向天空，觉得时间都静止在这宁静温馨的一刻了。

岁 月 静 好

姜骏衡

这个早春的中午，还带着一丝轻寒 。温润的阳光透明，天空湛蓝，纯净得没有一点儿瑕疵。风轻轻地拂过，路边不断有枯叶从枝头轻舞飘落，新芽却也在此时悄然在枝条上冒出。福州的初春和北方就是不一样。

下课了，我做完值日卫生，已经不早了。踏上那条我再熟悉不过的回家的路，边走欣赏着这初春的景致，路上没什么人，路两边的窗子里飘出午饭的香气。呵，所谓现世安稳，岁月静好，就是这样的情景吧？ 突然，身后一声巨大的“嘭”震动我的耳膜，吓了我一大跳。

我下意识地转身。

只见一辆电瓶车横躺在地上，轮子还骨碌碌地转动着。车旁躺着一位银发老人，痛苦地抱着小腿呻吟着。呀，定是这位老人骑车不小心，一个打滑摔倒了！

我顿时心生怜悯，正想冲上去扶这位老人，然而脑子里也不知怎的就冒出前段时间的一则新闻报道，说的是某摔倒的老人被人扶起，却反而污蔑帮助他的好心人。我心里算起了“小九九”：我要是扶他，万一这看起来慈眉善目的老爷爷也倒打一耙，反咬一口，怎么办？我左右瞧瞧，没人！要不，我装没看见不就得了？可是，那老人分明很痛苦，看样子一时起不来，我又心软了……

正在犹豫间，路那边走来一个阿姨，她显然老远就看见这边摔倒的老人，一路小跑过来，而且大呼小叫：“哎哟，怎么啦！怎么啦！”只见她跑到老人面前，小心地扶起他，让他先坐在路边。“脚没问题吧？动动试试。”阿姨一脸关切。老人边转动着脚踝，边感激地连连道谢。

这时，我脑袋里那些“小九九”不知怎么居然烟消云散，连忙跑过去，也不知哪来的劲儿，想扶起老人的车，哇，好重！阿姨笑着说：“哎，小朋友，我来我来。”“小朋友，别别别，车太重！”老人也连忙阻止我。“没事，阿姨，我力气大！”我使出吃奶的劲儿。这时又走来几个人，见状都围上来帮忙。我心里暖暖的，人多力量大，车很快就被扶起，挪到路边。

那几个帮忙扶车的路人拍拍手上的尘土，匆匆走了，仿佛刚才没做过好事似的。那个阿姨笑笑，说：“老人家，您脚还能转动，应该没事，休息会，等下骑慢点儿。我还得回家烧饭，先走了。”“太感谢了，好人啊！伊妹

（这是称呼年轻女性的福州话），快忙去吧，我没事。”说完，又笑盈盈地看着我说：“谢谢小朋友，快回家，妈妈要等急了。”我点点头，告别阿姨和老人，往家走去。

风依旧轻轻的，阳光开始变得温暖，我的心也温暖起来。呵，现世安稳，岁月静好，是因为有那么多美好的人啊！我心里默念着，远远地，看见了家的影子……

梦中的真

叶奕炜

“麦芽糖，甜甜的麦芽糖，快来买哦！”楼下，有人在高声叫卖。这似曾相识的声音绵绵甜甜，轻轻打开了我的记忆之门。

很小很小的时候，我住在一条铺满青石板的巷坊里。常常地，这样的叫声如歌谣般飘来。我便会飞奔出去，用家里积攒的空塑料瓶换甜甜的麦芽糖。这真是一件快乐的事。有一次，我想吃麦芽糖，可是家里没有塑料瓶，我心里很焦急。后来灵机一动，我想到了一个好办法。我先向妈妈要了十元钱，去门口的超市买了几瓶矿泉水，把水都给倒了，火急火燎地拿着空的矿泉水瓶换了一块麦芽糖，然后兴高采烈地跑去告诉妈妈我做的“好事”。结果，妈妈笑得前俯后仰，说：“真是个傻孩子！”后来，我上了幼儿园。有一天妈妈和我从幼儿园回家。走在路上，妈妈问我："炜炜，中午你们学校吃什么呀？"我正因为妈妈迟来接我耍脾气，我噘着嘴，歪着头，把小脚一跺，干脆利落地回答说："我就不告诉你！我中午吃蛋炒饭！"妈妈一听，哈哈大笑说："孩子，你不告诉我，我也知道了。"再后来，我上了小学。一天，我上完体育课回到家，妈妈问我："小乖，体育课上得如何呀？"我说："我跑步跑了第三名。""哟，不错啊！我的女儿得铜奖了！"妈妈赞扬我说。过了一会儿，我又说："对了，妈妈，是四个人跑，我同桌才跑了第四名。"妈妈一听，大笑不止，像被点了笑穴似的。

细细地想，慢慢地忆，这样的傻事还有很多很多。这些傻事都留在童年的日子里了。

"童年，是梦中的真，是真中的梦。"感谢我的笔，让我把这美丽的梦，纯纯的真，记在纸上，也刻在了心里。

"麦芽糖，甜甜的麦芽糖，快来买哦！"

"来喽，等等我！"

桃树下那场迷藏

方欣恬

“铛……铛……”熟悉的钟声在我耳边回响，清脆的笑声也伴随而来。我不禁有些恍惚：何曾几时，我也听到这样的笑声？

“哈哈”以后我们就都一起玩吧。你们最爱玩什么？“我最喜欢捉迷藏！”“我也是！”“那等大钟敲响八下的时候一起来玩吧！”伙伴们欢快的声音从耳边传来，我来到那片相识的沙地，细细回味着童年的快乐。

走到一片小树林，那里面生长着一棵桃树，散发着阵阵清香。那是从前我们一起玩捉迷藏的“秘密基地”。当“鬼”的开始倒计时，我们便四处躲藏。尽管我们想安静地找到地方躲起来，但总会不由自主地发出笑声。风吹动着树林，发出“沙沙”的响声。风吹过我的脸庞，让我感到丝丝凉意。我回过神，继续往前走。

捉迷藏时，“鬼”开始找人，他轻轻地走着，不发出一点儿声响，当他找到一个人时，总会十分开心地笑起来。“咯咯”的笑声响彻云霄，把快乐带到每个人的心里。那时候，我觉得笑声是最美的音乐。

来到一个由许多小树围成的一个小区域，我不禁扬起嘴角：这是我躲藏的“专用地”。每次我都猫着腰挪到这儿，飞快地摘下一根树枝挡住自己，就好像把自己镶在树丛中，“鬼”总是找不到我，便认输。然后我都会神不知鬼不觉地冒出来，发出清脆的笑声。小伙伴们一愣，也都笑起来。那笑声，传得很远、很远。每当玩得正兴奋时，大钟总会突然地敲响十二下，我们只好恋恋不舍地回去，日复一日，时光飞逝。

我们都渐渐长大，要去不同的地方上学。在一个寒冷的日子，我们在桃树下集合，桃花谢了，纷纷扬扬地撒下来，飘着、飘着，就不见了。我们互相告别，有些伙伴想到将来也许不会再见，便大哭起来。这时，我们中最大的她说：“我们都是笑着度过每一天，就要分别的今天，我们也要笑着度过。”话音未落，她便笑起来，我们也不明所以地笑起来。大钟敲了十二下，但我们不觉时间的飞逝，反而觉得很慢。现在，我还在回味那番话，笑着笑着眼睛就开始酸了。

我们很久才见一面，见面时都会聊到捉迷藏，来到那棵桃树下。又到了桃子成熟的季节，我来到那棵桃树下，摘一个桃子，咬一口，酸酸的，不同于以往来的甜。

又是一个整点到了。我来到大钟顶上，望着走过的沙地，树林，以及那棵永远散发着清香的桃树，久久回味着。

退一步，海阔天空

郭岚雁

回到家，打开门，妹妹清脆的声音传入耳中：“海纳百川，有容乃大；壁立千仞，无欲则刚……”我听着读书声，看向窗外，思绪飘向从前。

那一天，碧蓝的天空，像透明的翠湖倒转过来覆盖在天顶。美丽的天空之下，有一张红纸，红得艳丽，红得晃眼。那便是三好学生的入选名单。

而我，仅一票之差，落选了……

低低地转过头，不去理睬那熙熙攘攘的人群。

一整天，我的心情仿佛沉入谷底。

我走在放学的路上，抬头望天。天空依旧蓝，而我的心里却是一片灰，连带着这天也变得没有生机起来。始终沉没在落选阴影中的我，一连几天都是如此，却没发现，有一个人始终跟着我。

这天放学，她拉着我的手，走出了校园。她将我拉到学校后方的小树林，用一种气急败坏的语气冲我吼着："你一定要这样吗！不就是落选了嘛！又不是没有机会了，我实在是看不下去了。"

她将我拉到一棵树前，用眼神示意我看前面。我顺着她的视线看去，映入眼帘的是树皮上的点点墨斑和虫洞，时不时还有几只蚂蚁爬来爬去。咦，真恶心！我哆嗦了一下。

她拉着我往后退一步，又示意我往前看。这时，我看到的是一根粗壮、健康的树干。又向后一步，一棵茂盛、青葱的树完整地呈现了出来。

最后，她拉着我后退了一大步，这时候，我看到的是一片天，无垠的、广阔的天。

她看着我，说："现在，你明白什么了吗？"

我凝视着她的眼眸，顿时醒悟了。既然后退一步可以看得更高更远，何必要在虫洞里钻牛角尖。林则徐说过：海纳百川，有容乃大。抬头仰望，那是一潭清澈的近乎见底的天，那蔚蓝之中，游着片片白云。

当你退一步时，你会看到天的无际，海的无限。其实，我们每个人只要收敛一下那只过于任性的手，我们的人生一定会有更多的选择，更广的天空。

给心灵一个开花的机会

黄好喆

随着时光的流逝，我明白了应该要放下自私，让爱的阳光照射进来，给心灵一个开花的机会。

——题记

刚进入小学，放学总是妈妈来接我，我总是快乐地牵着妈妈的手一起回家。直到一天，一位好友邀我放学一起去玩，我指了指站在远处的妈妈。她立即露出一副轻蔑的表情，说道："这么大了还要妈妈来接！啊，你妈妈怎么长得这么胖啊？"

我很想反驳，可是气愤和羞愧让我语无伦次。妈妈看见了我，在不断涌来的人群中向我挥着手，眼睛眯成一条弧线，目光中充满了温柔和笑意，仿佛三月的阳光那样温暖动人。可是，当时的我完全没有感受到，依然任性地向妈妈要求想一个人回家。妈妈没有答应，说一个人回家不安全。

就这样一直到小学四年级，妈妈每天都来接我放学，风雨无阻。只是，我不再牵着妈妈的手。当妈妈对我投来关切的目光时，我就低着头，快速地走在前面，和她保持距离。心灵的天空上布满了乌云，黑压压的一片，黯淡无光。

升入五年级，我终于能独自回家了。

我挤上公交车，一股浓重的汗臭味打鼻而来。我还没站稳，车就突然启动了。整个车厢随之一震，几只穿着高跟鞋、皮鞋的脚轮番对我的脚进攻。洁白的运动鞋顿时像一只斑点狗，身上布满了黑色的斑纹。我被挤到了角落的位置，人群不断涌了进来，我找不到了可以扶靠的地方，只好勉强保持平衡。背上的书包如千斤重，使我的身体不断往后倾。在我的身后，时时传来“会不会站啊！？”“又踩到我了！”的冷嘲热讽。我倍感委屈。突然想起以前妈妈来接我放学的情景——

那时的我，不需要背着沉重的书包走那么长的路；那时的我，可以唱着跳着边走边欣赏黄昏的太阳……心灵天空上的乌云厚沉起来。

下了车，我看到一个身影正快速地向我走来。她的几丝头发耷在肩上，眉宇间也透露出疲惫。她走到我面前，一边喘着粗气，一手接过我的书包，关切地说："累了吧，走！我们回家。"妈妈的眼睛弯弯的，眼角的皱纹也舒展开了，这笑容让我再次感受到了爱与温暖。乌云也渐渐在心中散开。

顿时，歉疚和懊悔的心情肆无忌惮地击打着我的心。往日和妈妈赌气的情景也历历在目：我飞快地走在妈妈的前面，让背着沉重书包的妈妈来赶上我；妈妈伸手牵我时，我不屑地扭头走……

有那么一个人，无论你此刻是在洒满金色阳光的路上行走，还是你当时正疲惫地走在漆黑街道上，她定会穿越这汹涌的人群以及黑暗，一一走过他们，走向你。

想着，一股股温暖的顿悟在心中弥漫，为那贫瘠的土壤注入了温暖，注入了理解，注入了感激，注入了爱……此刻，我冲上前去，牵起妈妈柔软的大手。终于，孱弱的小苗破土而出，在爱与关怀的阳光雨露下绽放出绚烂的花朵。

带着微笑出发

滕　敏

时光在不经意间转了几圈，邻家的大姐姐收起稚嫩，走上了中考的独木桥。家门口，她对着家人微微笑着；楼道里，回荡着那句话：放心，我会带着微笑出发……

我不情愿地也出了门，昨天那情景又浮现在脑海中。“去参加数学竞赛吧，你可以的。”数学老师指着我说。我却嘀咕起来：“我怎么可以？每次考试的最后一道题总把我的信心熄灭，再说了，去参加那全国比赛的都很强……”可我看着老师殷切的目光，只能答应。

天下起大雨，落在头上的滴滴冰凉将我从回忆里拉回来。噼里啪啦的雨声似乎在嘲笑着考室里愁眉苦脸的我，不，他们就是在笑话我！我的笔重重地点在卷子上，也深深地刺在我心里。我愈加烦闷，白花花的卷子上那题目若千军万马气势汹汹地向我袭来，连那低矮的城墙，我亦无法攻克。罢了罢了，我一脸颓唐地蒙完答案。

可我居然进了决赛！一想到决赛我心里就极其难受。猛然间，邻家传来大姐姐的话音：“今天发挥超好。如果我继续微笑地面对试卷，肯定能从容地将知识展现出米，我一定能成功！”她永远都那么开朗，那样美丽地笑着，我想。对啊，为什么我不可以像她一样，带着微笑出发呢？试一试，也许我真的可以呢？

决赛那天，我早早地起来做好准备。屋外的暴雨依旧噼里啪啦地疯狂下着，我的耳边却遍遍响起大姐姐的话。即使不会成功，即使我要面对困难，微笑仍像一个精灵，赐给我一丝丝轻松与愉悦，让我不再那么紧张、害怕、焦虑。轻轻关上门，深吸一口气，小心打开伞，在拥挤的公家车上踮起脚尖……我保持着微笑，在严肃的气氛中、他人一丝不苟的神情里，时光踏着灵动的舞步，我满意地答完了试卷。母亲在雨中等待，看见我笑着出来会心地扬起了嘴角。暴雨倾盆的路上，我恍惚看见了那个带着阳光的自己。

在面临种种挫折与不幸的日子里，在心情极为抑郁的日子里，在缺乏信心感到前途渺茫的日子里，不要抱怨生活给了你太多的挑战，带着微笑出发，每一次的失败都是生活的新起点，每一次的成功都是无怨无悔的付出。带着微笑出发，成功近了，幸福也就不远了！

成长故事集

傅恭炜

父母记忆中的我，十分听话可爱。随着时间的流逝，我也在一点点长大，开始有一些自己的想法了。于是，关于我的成长故事集就“上市”了。

折纸“金刚”

记得那一天中午，我从抽屉里拿出几张白纸，开始折“金刚”。这时，妈妈说：“不要浪费纸！”我立刻反驳：“凭什么？我这是训练想象力！”一边说，我的手可没闲着，很快，一只纸鹤扑腾着翅膀作一飞冲天状。“你……你……”妈妈扫了一眼我的杰作，无话可说，转身向卧室走去，边走边嘀咕：“现在孩子长大了，花样也多了，大人的话都不听了。”我冲着妈妈的身影扮了个鬼脸，又继续我的折纸“大业”。

抢电脑

一个平常的周末，我闲来无事，便打起了电脑的主意，我趁没人时立刻将电脑霸占了。当爸爸要我“退位”，我不仅不干，还和爸爸玩起了幽默：“老爸，俗话说好爸不跟儿斗。我多玩又没事，玩是孩子的天性呀！你再玩，小心您老戴老花镜哦！尊老爱幼，您该知道得比我更清楚吧？”一时间噎得爸爸哑口无言，只好逃走了，临走不甘心地甩下一句：“现在孩子长大了，也学会尖牙利齿了。我是甘拜下风啦。”我又打了个“大胜仗”，乐得我合不拢嘴。

坐公交车

那次，妈妈带我去亲戚家，正要坐车，我对妈妈说：“我自己坐吧！我已经长大了是时候该让我独立行事了吧！”妈妈一听，怕不答应又被我“以理服人”，所以交代了几句，同意了我的要求。我很快找到车站，认清线路，很快，就顺利抵达了目的地。到了亲戚家，每个人都说我长大了，我听了，心里美滋滋的：嗨，不就坐公交车嘛，小菜一碟！

时光荏苒，我在不知不觉中成长了。如今的我是自信的，因为在成长的道路上，我愈挫愈勇，愈走愈欢。带着自豪的心情，我悄悄地长大了！

童趣调味瓶

现在开始写作文

叶　蕾

唉！现在开始写作文了，我叼着笔，双手托着下巴，屁股都快坐麻了，可依旧想不来素材。

灵感啊，你在哪里啊？我转着手中的笔，每当我写不出的时候我总会情不自禁地做起这个动作，仿佛转着、转着，灵感就会找上门来。写一篇作文，我要损耗多少脑细胞啊，妈妈应该给我补补营养！我想，我想，我努力地想，多像一只挣扎在浩渺大海中的落水狗，怎么也找不着停靠的沙滩。唉，苦海无边啊！

窗外是那宝蓝色的天空，可我心里却是灰蒙蒙的。我又一头扎进作文书中，老天爷，这成堆的作文书怎么就没有我想要的素材啊！翻着翻着，我竟看起了《斗罗大陆》，嘿，小武子好幸福啊，都不用写作文，真好！

看看手表，哎呀，居然浪费了十五分钟，怎么就走神了呢？真想把作文纸折成纸飞机，扔得远远的，我辈子都不想再见到这些可恶的方格纸了。

客厅里，电视里传来了阵阵音乐声，听起来却格外恐怖，那声音好像在催促我："快点儿写、快点儿写……"天啊，我在这里受罪，奶奶却在那里津津有味地看电视。哼，一点儿都不体谅我！"啪"的一声，我重重地关上了门。

"早晨……"不行！这个开头太没有新意了！老师要求开头要写像"凤头"一样小巧精美，可我都快疯了。救命啊！地球上怎么会有写作这么痛苦的事，以后要发明一个为写作文分忧的机器人，要不然学生全被作文给逼疯的。老师怎么总是给我们布置作文，自己怎么就不先写一篇呢？

时间一分一秒地过去了，我觉得像过了几个世纪那样的漫长，秒针每走一下，好像都在说："加油！加油！"一声声灼烧着我的心。

唉，现在开始写作文了，"一个阳光明媚的早晨……"嘻嘻，这个优美了点儿，总可以当开头了吧！

我亦无它，唯“嘴”熟尔

林宇鸿

夜晚，萤火虫早已聚在一起提灯夜游，而我却依然伏案背诵，我的眼皮仿佛压着千斤重担，频频亲吻。这场景与头悬梁、锥刺股相差无几。而这一切，只为了明天，要赢取班级背诵冠军！

第二天早上，我早早地起床了。喳喳喳，鸟儿欢快地与我打招呼，翻开语文课本，那熟悉的文字又映入我的眼帘。琅琅书声从我的房间里飘出，对争抢“背诵高手”冠军宝座，我的心里充满了期待。

步入校园，我信心满满地走入教室，一些人在拼命地背书，有一些人已经放弃，就等着老师的一顿臭骂了。

上课了，老师一手拿教材，一手拎水瓶，刚走进教室就宣布：背诵开始。一个个同学按号码上讲台背诵。我知道，这是一场39：1的比赛，要争抢冠军，有点儿难度。

想到这儿，我不禁绷紧了心弦。叽叽喳，鸟儿又奇迹般地出现在窗边，仿佛在为我加油打气。

“39号！”终于轮到我要上台了，我深深地呼了一口气。踏上台阶，站定，“马到成功！”我暗暗对自己说。接着，一串文字迫不及待地蹦出口，一段，二段，三段，我背得越来越顺利，进入最后一段了，我距离胜利只有一步之遥了！天呐，卡壳了！我的思路一下断了，突然间，那冠军的宝座似乎远了一些。还好，幸运女神并没有抛弃我，瞬间迟疑后，我又脱口而出：“未来的城市将更加美好。”

轮流背诵结束，由同学们选举，我如愿以偿，以三十一票夺得了冠军的宝座。讲台上再一次站着春光满面的我，同学们给予了我热烈的掌声，刚才那提到嗓子眼的心，渐渐下落，恢复到原来的平静。带一点儿小小的激动，我领走了冠军的奖励——一个汉堡包。

站立在树上的鸟儿，知道我获胜的消息，叽叽喳喳，叫得更欢了……哦，还有那提灯夜游的萤火虫，今晚一定要来分享我胜利的喜悦呀！想想，我亦无它，唯“嘴”熟尔！

掌声改变了我

林青瑜

舞台上，我捧着金灿灿的奖杯，心中无比自豪。

一个星期以前，我还是十分胆小，在外人面前总是胆怯怯的，以至于我那顶呱呱的舞蹈技术至今还没有在舞台上发出应有的万丈光芒。

下午，我在房间里悄悄练着拉丁舞曲。一遍遍，一遍遍挥汗如雨。每个动作都在努力追求着完美。一曲结束，耳边突然响起了热烈的掌声。我一惊，连忙转身察看。是爸爸，我的脸有些发烫。但听到认同的掌声，心里却又有些自豪。“你跳得真棒，为什么不敢把这么棒的表演展现到大家的面前呢？不要再犹豫彷徨了。正好学校要开文艺节了，好好发挥，你一定会成功的。”爸爸的话就像一颗定心丸，使我一下子有了自信。明明很渴望能得到掌声与认同，我为什么不努力尝试在别人面前展现自我呢？我陷入了沉思。

此后的几天，爸爸都陪着我练舞，并且在每次一曲终了的时候总不忘了为我送上阵阵掌声。我的自信与日俱增，上台表演的欲望如嫩芽破土而出。时间一点一滴地在身边悄然流逝，艺术节已离我越来越近。

明天就是艺术节了，我躺在床上望着天花板，忐忑不安地想着。很快，便进入了梦乡。

第二天，舞蹈最先开始，我怀着激动的心情走上了舞台。我的目光在人群中急切地寻找着，啊，找到了我的“信心”——爸爸鼓励的眼神。有了这份力量，我舞得愈加美丽，一曲舞毕，我赢得了满堂喝彩。

那一刻，我忽然觉得自己就像天空中的星星，在漆黑的夜空中或许渺小，但依旧可以发出耀眼的光芒。

这回的成功源于父亲的掌声给予我的自信，一个人有了自信，不一定能成功，但没有了自信，便很难成功。感谢掌声，感谢父亲！

手，不喜欢擦眼泪

熊欧稻

也许是从年幼时的第一次哭泣开始，我学会了掉“金豆豆”。

那时，懵懵懂懂的我，看着手忙脚乱的幼儿园老师，心头掠过一丝得意。就算不知道哭泣意味着什么，也留下了一个模糊的概念：哭泣，可以让大人们重视你。

直到四年级的一天，一句铭心的话语，让我终于知道哭泣意味着什么。

“你看看你，这里少了一笔，那里又粘在一起……”一次普通的家庭听写，妈妈以鸡蛋里挑骨头的心态和我斤斤计较着错字。

“我这里分明写了三横，你凭什么说是二横？”

“三横？我没看出来！字写得像狗刨，活该！”

狗，狗刨？我一下子瘫倒在地，我昨天还偷偷地练了三百个字，换来的却是一句“狗刨？”辛苦了半个小时的结果，就被她这么一说，付之东流。

不用我刻意做什么，泪水就一点点漫上眼眶，把周围的景象，渐渐缩成几点迷离的光。

妈妈似乎并不在意，仅是轻描淡写地说了句：“手，不喜欢擦眼泪，它喜欢的，是捧起金灿灿的奖状，是拿着代表荣誉的徽章，是握着你收获的硕果。”

手……不喜欢眼泪吗？我呆若木鸡地望着自己的手。奖状和荣誉，我……也可以吗？

心中，有些什么东西在蠢蠢欲动，也有些什么砰然倒地。

在后来的一次征文中，我的作文获得了省级一等奖。

在接过奖状的一瞬间，我忽然想起了什么。记忆渐渐清晰，妈妈的话又一次在耳畔回响：“手，不喜欢擦眼泪，它喜欢的，是捧起金灿灿的奖状，是拿着代表荣誉的徽章，是握着你收获的硕果。”

妈妈的话，把我推入了成功之门。没错，走向成功路漫漫其修远兮，但那又如何？就算无法出类拔萃，也成为同龄人中的佼佼者了吧？

我笑了，由衷地笑了。

成长调味瓶

康田睿

成长是个五味瓶。甜，让人开心；酸，让人落泪；苦，让人心痛；辣，让人冷静。

成长中，书总是我最甜蜜的伙伴，每当我捧起心爱的书时，会久久地不肯放下，好像着了迷似的。有时，连妈妈都说我“走火入魔”了呢。在书的海洋中，我像一只鱼儿，自由自在地遨游。有一次，当我看到故事中孩子与爸爸妈妈团聚了，我不禁想起自己离家参加夏令营一个月，回来时与父母团聚的喜悦，心里泛起一阵暖流：和家人团聚，应该是最甜的事吧！书像糖一样，给生活这杯水添加了无尽的甜。

酸，是我经历过最多的。我在班级里担任学习委员，得到过表扬，但是也有过特殊的事情。有一次，小测试结束后，老师要求签字，而我却忘了签。老师说过，没签字的人罚抄三遍。我心急如焚，怎么办？无奈之下，我只好和老师说。我站在老师面前，头不敢抬起来，声音小得如蚊子叫："老师，对不起，我忘签字了。"老师没说什么，只是叫我回去。在检查时老师说起来："康田睿今天小测没签字，大家看在她是学习委员，为班级做了很多贡献的份上，免她的这次罚抄吧地说好吗？"我听着眼眶就热了，又听到同学们异口同声地说："好！"，泪水不禁盈满眼眶，但觉得不好意思，使劲儿忍着没让泪珠掉下来。

苦，它让我叫苦不迭。你瞧：学习委员虽然给了我特殊的待遇，但也带来了不少苦。有次，老师的作业批改出了点儿小纰漏，一查，最后发现问题出在我身上，我被老师结结实实批评了一番，我心里老是想："唉，整天被骂，还不如不当了呢！"但是，慢慢地，我转念想，把压力化成动力，既然不想被骂的话，就做得更好吧！我忽然觉得苦虽然不喜欢，但是劳其筋骨，苦其心志，不都是天将降大任于斯人所必经之事吗？

成长的调味瓶，装满成长的味道，那些酸、甜、苦、辣，我可饱受了。不过，在我一一尝过这些味道后，我渐渐学会将这些味道，通过自己的努力化成一种味道——奋斗的甜！

十二岁，我多了一分执着

陈 溧

十二岁，是花季，缤纷的花朵在雨中曼舞着，用柔弱的花瓣迎接着暴雨，狂风中以强者的姿态微笑着。

九月的天气褪去了盛夏的炎热，但心中却多了一份沉闷的烦躁。再过几个星期，就是小学最后一次的校运会，我还能为小学生活留下什么？

风撩起我的头发，我眯起眼睛，看着宽阔的操场，眼前浮现那一个个奋力拼搏的身影，思绪豁然开朗。“为何不像他们那样拼搏着挥洒青春，在运动会上画下动人的一笔？”我询问自己。

怀着热切的希望，我努力地奋斗着，每当放学，学校操场上都是我飞奔的影子。快速地掠过一棵棵树，那是一种释放的自由，即使汗水湿透衣襟也尽奋力地跑着。望着远处那半落的夕阳，光辉照在前方的跑道，折射出炽热的光，那是未来的期望。我执着地向着梦想，向着自由奔跑，去到达那从未触碰的未来。

当校运会的旗帜在上空飘扬，心中那份澎湃的思绪激昂着。即使是乌云密布的阴天，也不能阻挡那热切的期望随着风飘荡，盘旋。我站在跑道上，忐忑的心不停跳着，抽动着我的每根神经。“嘭！”一声枪响，一缕白烟还在枪口不舍地消散着，我却似离弦的箭一般奔跑起来。

天总是善变的，不一会儿，豆子般大的雨滴落下，将那缕白烟敲击得支离破碎。操场边涌起了一阵惊呼，是喧杂，是混乱的。可是，场上的运动员却不顾那寒冷的雨帘，飞奔着，雨水混着汗水，沾湿着衣服。我没有惊慌，没有失措，只有镇定，只有坚持，只有一股强大的信念奔跑！

一圈！二圈！三圈！雨像是吃了兴奋剂一般变得更大了。我却从未停止，只剩一圈！是兴奋？是紧张？许多不知名的情绪似潮水涌上心头。我望着前方的跑道，终点似乎变得更遥远了，身体已不听话，脚像似绑上了千斤的铁石，被沉重的身体拖着。我不由地萌发出放弃的念头，但此时模糊的视线，疲惫的心绪中，传来了一阵熟悉而又陌生的声音，这是谁的哭声？带着恐惧与委屈？哦，那是曾经的我，满脸泪痕，带着哭腔跌坐在跑道上，望着漫长的跑道，“不，我不要，我累，我不要。”眼眶旁还残留着泪痕，无助地望着老师。老师恨铁不成钢的眼神看着我，可惜当时的我读不懂。

不，我不要这样！此刻的我脑海中深深地映着两个大字——执着！对，执着！执着地奋斗，执着地坚持，执着地用尽全力奔向终点！我不由地加快了步伐，我为自己加油！近了，更近了，终于到了终点，我脚一软，扑到了同学身上。用尽全身力气挤出一抹微笑，“我做到了！”我对她说，我也对自己说。

比赛结束后，我走在回家的路上，雨渐渐停了，西边那一轮橙色的夕阳缓缓地在云中穿梭着，云彩被风吹散开，露出了一道灿烂美丽的彩虹，在几片卷云之间散发着她动人的光芒。

这个十二岁的雨天，令我坚信只有执着地迎向风雨，才能在雨后的第一时间见到那成功的彩虹。从此，我将带着那份执着，坚强地走在未来的人生道路上。

龟兔赛车

张梓墨

自从上次比赛后，兔子就很自责，它要弥补自己的失误。于是，它便约乌龟第二天八时在彩虹巷××号赛车。乌龟接到通知，心想：我这回不练习准能比过它！于是乌龟就同意了。兔子便请来猫王后、鸭大婶、狗大叔、马大哥当裁判，之后找来一本关于赛车的书，读了起来。

第二天，兔子早早到了约定地点，乌龟还没来，于是它又仔细想了想什么时候刹车，什么时候踩油门等一些要点。但到了八时十五分，大家都等得不耐烦了，乌龟才慢慢地爬过来。鸡大婶悄悄说："乌龟就是慢，现在才来！"猫王后对它做了个噤声手势，然后宣布比赛开始。

兔子集中注意力，把赛车开得像飞起来似的，才两分钟就把乌龟甩在了后头。而乌龟呢？它没练习，不是撞树就是撞墙，车都快散架了。

几位裁判窃窃私语，都觉得乌龟输定了。果然，兔子到了终点，而乌龟才走不到五十米，它羞愧地恨不得找个地缝儿钻进去。

兔子鼓励它说：“没事，别忘了上次你赢了我，不是正好打平了吗？”乌龟想了想：哎呀，上次自己赢是因为兔子太骄傲轻敌了，这次自己又何尝不是这样？真是骄傲害人啊！

愚笨的驴子

闵绍轩

从前有一只无知的笨驴子，整天没日没夜地驮盐，推磨，推磨，驮盐，因此，它的心里总有无数抱怨，总琢磨着怎么偷懒。

这是一个中午，骄阳似火，热浪滚滚，万物都无力地低下了头，人们都跑回家避暑了。空无一人的大街上，只有这只笨驴子，拖着沉重的盐装，气喘吁吁地在街上走着。“什么天了，还让我驮着这么重的盐袋，还让不让我活了，真是倒了八辈子霉！”一路上驴不断地愤愤不平地发牢骚。在太阳的炙烤下，它的腿无力抖动着，汗从头上“啪嗒”“啪嗒”往下滴。

这时，河对面的商铺映入了驴子的眼帘，眼见目的地近在眼前，驴子不由得颤颤巍巍地往前小跑。河边，鸟语花香，阳光映在水上，点点金光。水质清澈，看得到河底的石头。驴子顾不得河边的美景与湍急的水流，小心翼翼地下了河。一阵一阵的急流向驴子袭来，驴子麻秆似得腿在水中摇摇晃晃，冰冷的水使它直打哆嗦。

猛然间，一阵急流冲来，一下子撞到了驴子，驴子长嘶一声，四脚乱伸，“普通”一声跪进水里。巨大的水花淹没了驴子驮的盐。驴子无力地在水中乱扑腾，四脚乱踹，口中咽了大口的河水，样子极为狼狈。过了好一会儿，它才跌跌撞撞地爬到岸边。

可是。当驴子重新站起时，顿时感觉轻松了许多，盐袋不重了。驴子怀疑自己是不是掉河里脑子进水了？难不成盐漏了？难道驼错了盐袋？驴子使劲儿摇晃脑袋。可盐袋照样轻松，驴子可高兴坏了，长吐一气，屁颠儿屁颠儿地跑向商铺。

第二天，主任又让驴子托海绵去商铺。驴子也不发牢骚了，也顾不得暑气腾腾了。满脑子都是如何掉进河里，怎么拖延时间，最后轻松地把东西驼进商铺。

河边又到了，驴子狡猾地一笑，嘴角一扬，急匆匆地跳进水中。故意脚一滑，腿一软，跌入水中。这次驴子也不挣扎，而是陶醉地泡着，等着跟上次一样袋子变轻。可它重新驮起海绵时，却一个趔趄跌在河里。这次怪了，驴子想怎么变重了呢？驴子还想爬起来，可又一次跌倒了，驴子站一次，跌一次，站一次，跌一次……河水涌进它的鼻孔，眼睛与嘴巴灌满了水。只露出半个沉浮的小脑袋。最后在主人的帮助下，才逃过一劫。

这真是一只自作聪明的驴啊！

小猫钓鱼新传

施佳怡

“妈妈，我出门钓鱼去了！” 小猫抓起钓鱼竿，鞋子还没有穿就急急忙忙准备出门。

闻声而来的猫妈妈像发现新大陆似的，眼睛睁得老圆，“太阳打西边出啦？你跟我说去钓鱼回来的时候哪回不是两手空空呀？”

小猫羞红了脸，见猫妈妈不注意“哧溜”一声滑出门外，也不顾猫妈妈多大声喊，直奔小河。

小猫到了小河边，盯着河看，傻了眼。

小河往日的光彩已不复存在，河里“满肚黑水”河上飘着许多肮脏的垃圾，正在小河上打转，河里的鱼们奄奄一息，还有不少死鱼浮在水面。

小猫仔细看了看，许多小雨在河里扑腾，想逃离这个噩梦，斑点鱼、条纹鱼、小金鱼个个愁眉苦脸，表情很是痛苦。

小猫挠挠头，怎么我两年没来这条小河，它变化怎么这么大呢？呜——只见小河旁的一座大型工厂正在把污水源源不断地“倒”进小河里，工厂与森林的景色极不相称，上空一层一层的烟雾弥漫在云层里。

小猫一屁股坐在地上，用手扶着头，自言自语道：“有了！”它连钓鱼竿都不要了，脚上像踩着风火轮，好似比赛百米赛跑奔回家中。

待小猫再回到河边时了，它手里多了一盆净水，它饶有自信的把盆放在河边，就自顾自睡大觉去了。

一股清香飘到河里，河里的小鱼闻到了，急忙个个蹦出水面，想一探究竟，净水！竟然有纯净的水！

鱼儿们简短地开了一场会，它们的意见达成一致，反正都是死，还不如享受一回！于是个个奋力一跃，跳进了净水盆里。

小猫呼呼大睡，做着美梦，它梦见自己钓了许许多多的鱼，妈妈给它做了红烧鱼，糖醋鱼，还有一大盆鱼汤，它陶醉在梦里，好像飘飘欲仙了。

中午，强烈的阳光把它叫醒了，它一抬头看见了满满一桶鱼，小猫激动起来，“我美梦成真啦，我美梦成真啦！”小猫欢呼雀跃地回家了。

当小猫到了门口，房间隐约传来猫妈妈的抽泣声：“家里最后一盆净水也不见了，我们该怎么办呀……”

小猫拎着大桶，待在了原地……

断　　枪

施　祺

如同地狱的小窗，乌黑的枪口对准它，一扣扳机，一声枪响，血与火编织成一个凄美的花环。

血色残阳，将草原映成炽热的地狱之火。

“砰！”华贵的外衣绽出了一朵血花。一头脸色惨白的豹子惨叫一声，它的腿上出现了一个鲜血淋淋的洞。

这是一场斗智斗勇的战争，猎人的嘴角泛出了一丝笑容。

豹子颤抖着站了起来，像座高大的雕塑，伫立在夕阳下。

猎人古铜色的脸上现出了难以置信的神情。显然，豹子的行为出乎他的意料。

猎人下意识地举起了枪。

豹子定在那里。突然，它艰难地抬起脚，缓慢地跑动起来。

猎人怔住了，他知道这不符合常理。端举猎枪的手垂了下去，他不敢贸然开枪。

豹子继续着他的慢跑。前边，淌着一条清澈的小河。这大概是许多生命的救命河，与干燥的荒原形成对比。

猎人有些不耐烦了，“砰！”豹子的外衣又渐起了血花。这次大概打中了重要的地方，豹子躺在地上，痛苦地打滚。

猎人的嘴角弯成了漂亮的弧度。他打得够巧，没打坏将来的豹皮大衣。

“嗷！”远方传来了凄厉的吼叫声。

猎人惊呆了。经验告诉他，这是母豹带着小豹安全转移了。

这吼叫好像给豹子注了一针清醒剂，它用力张开嘴，用嘶哑的声音喊了一声，竭尽生命的叫声把草原都震撼了。

过了一会了，豹子忽然用尽全力一蹬，投进了河里。河水被染红了，好似草原的眼泪。

远处传来豹娃娃的哭声，一阵接一阵，声声悲切，好似空灵的呼唤，呼唤它爸爸能够再爬起来，再看它们一眼！

猎人又一次怔住了，他呆呆地站在那儿，脸早就泪打湿。

“砰！”又是一声，猎枪裂成了两半。猎人喃喃地说：“结束了，一切都结束了。”他抹了抹脸上不由自主滑下的泪水，向前走去，再不回头。地上，扔着一杆断枪。

天边，残阳如血。

冤家成了盟友

王景涵

“救命！”“饶了我吧，大王！”一声又一声的尖叫从粮仓里传出。原来，是一群老鼠又成群结队地跑来偷吃东西。它们正吃的上津津有味时，一只猫从天而降，它拍拍胸部，大喝一声：“俺老猫来也！小的们！拿命来！”说完，便向老鼠们扑了过去。不一会儿，只见猫大王的脚下踩着一只，手里拎着一只，嘴里还叼着一只，真是战果累累呀！再看老鼠呢？有的抱头求饶；有的吓得直发抖；还有的吓得到处乱跑，一不小心碰到了墙，撞得昏头昏脑找不着路。瞧，那儿怎么还有一只面如土色，身上血淋淋的。原来，它的尾巴被“齐天大猫”踩断了，直淌血。

这次偷吃行动令鼠群损失惨重。夜深了，老鼠们围在一起密谋策划，想法子对付“齐天大猫”。有老鼠说：“我们弄个陷阱，让猫掉下去！”另一只又说：“不行！

人类会把它拉上来的！”有老鼠说：“要不我们白天去偷吃？晚上有猫，白天没有。”有只老鼠说：“你可真傻呀！白天的人比晚上的猫更可怕！”想不出好办法，老鼠们像热锅上的蚂蚁急得团团。这时，“鼠诸葛”发话了，说：“要不我们和猫做个交易，听说他最爱吃鱼了，咱们给他送去。每天三四只，让他别吃我们！”鼠大王对他竖起大拇指，说：“好，我赞同！谁去给他送鱼？”倒是这一问，大家愣住了。沉默了足足三十秒，一位鼠国壮士出来说：“俺天不怕，地不怕！我去！”接着又有几位鼠勇士站了出来，成立了一支“为猫送鱼敢死队”。

第二天，它们抬着三条鱼来到猫大王身旁，猫一看是他们，闭上眼睛，说：“你们是来送死的吗？立马从我眼前消失，否则我不客气！”“不，猫、猫大王，我……是来送鱼给、给您的。”猫大王睁开一只眼说：“哦？鱼？嗯，我吧，我收下了，你们还不快滚！”“我们每天给……给您送上、上三、四、四条鱼、鱼，你能不能不吃我们？”老鼠问。猫想了想，说：“嗯——好吧，成交，鱼总比主人的剩饭剩菜好吃。”

自此以后，老鼠们便可以在粮仓里为所欲为了。你瞧，它们有的把蛋当球玩；有的跷着二郎腿，交叉着手，靠在帽子上哼哼小曲儿；还有的在簏笆里玩起了捉迷藏。它们无所畏惧，好不快活。而猫呢？它一边吃着美味的鱼，一边半闭着眼睛，一任老鼠们闹去。

这一对冤家因为利益就这样成了盟友!

一天，这一幕正好被主人看到后，当机立断把猫赶出了家门。流浪街头，饥一顿饱一顿的猫心想：“都是贪婪惹的祸啊！哎，早知如此，何必当初！”

小猪与小兔

刘运儒

森林里，小猪与小兔本来是一对形影不离的好朋友。但是有一天，它们为了一点儿芝麻大、绿豆小的事吵架了！它们的友情出现了裂痕，不过，很快又和好如初了。这到底是怎么一回事呢？事情是这样的——

"哼！明明就是你错在先，'祝'你的毛变黑！"小猪气呼呼地说。小兔听了自然火冒三丈，顶回去说："切！还说我错在先，明明就是你先偷吃了我做的饼干！'祝'你今晚睡不着觉。"它们越吵越凶，直吵到了下午，两人才气呼呼地走回了家！

到了晚上，怪事发生了。每天睡前小兔总要照镜子，可是今天，它走到镜前一照！啊！小白兔变成了小黑兔，小兔哭了一整个晚上。小猪呢？小猪本来一躺下就会睡着的，可今天，它却在床上翻来覆去怎么也睡不着。

到了第二天早晨小猪和小兔又见面了。小猪一看，嘿，小白兔变成了小黑兔了。小猪难过地想：都是我的错，小兔才会变成这样的。它惭愧地跑到了山上。突然，它看到了一朵朵白云，心想：小兔洗一洗白云澡，说不定可以变白呢！于是它花了九牛二虎之力摘到了许多白云，气喘吁吁地跑下了山。小猪扛着大口袋来到小兔面前说："小兔，快洗个白云澡吧，一定会变白的！"然后不好意思地跑了。小兔听小猪的话，拿了一些白云，泡了一个舒舒服服的白云澡。还真灵，全身又变白啦！小兔高兴地又蹦又跳。

到了晚上，小猪还是睡不着。这时有人在敲门，小猪开门一看，原来是小兔，小兔给小猪送来了"白云枕"。小猪高兴地收下了，小猪一躺上白云枕头就睡着了。

"谢谢你，白云！"小猪和小兔不约而同地想。它们俩又重归于好，成了人人羡慕的好朋友了。

小兔，这对眼睛不好

林书铠

小兔非常爱看书。可是，小兔经常不分时间、场合地看书，朋友、长辈跟它说了很多次，可小兔依然屡教不改。

这天，阳光明媚，是个散步的好日子，小兔也带着书散步去了。

“这儿树荫刚好，真舒服！”小兔一边说，一边躺在草坪上看书。

“小兔，别躺着看书，对眼睛不好！”鸭伯伯说。

“没关系，鸭伯伯，我眼睛好着呢！”小兔满不在乎地说。鸭伯伯摇摇头，走了。

不过，过了一会儿，小兔觉得有些凉了，便拿着书换了个地方。它到了大太阳下，坐下来看起了书。

马叔叔看见了，说：“小兔，在阳光这么大的地方看书，对眼睛不好。”

小兔生气地说：“拜托，马叔叔，我眼睛好得很！你们怎么都不让我看书？我还是回家算了！”

小兔一回到家，就窝在床上看书。

猫姐姐走了过来，担心地说：“小兔，不要在光线暗的地方看书，对眼睛不好！”

“我知道，猫姐姐，我的眼睛很好。”小猫说。“这孩子……”猫姐姐无奈地走了。

一个月后，小兔配上了眼镜。它伤心地说：“我眼睛明明很好，怎么体检员偏偏说我眼睛不好呢？”

小狗走了过来，说：“这能怪谁？谁叫你平时不爱护好眼睛，再好的视力也禁不起你这样的看书恶习啊！”

小兔羞得脸都红了。从那以后，小兔每天都做眼保健操，每次看书，也都会注意自己的姿势和光线的明暗了。

种 绿 豆

陈若尧

语文老师给我们布置了一个任务，让我们回家种绿豆并仔细观察。于是那天中午我把几颗绿油油、亮晶晶的绿豆放入水中。

晚饭过后，我心急地去看了看绿豆，发现有些绿豆的皮皱巴巴的，就像老太太的脸。

第二天早上，天刚蒙蒙亮，我又迫不及待地去观察我的绿豆。你看，它们实在是太贪吃了，有的豆子比昨晚胖了一圈，绿色的“衣服”随着豆身的增肥微微胀开；有的把“衣服”全脱了，也不怕别人笑话；有的则冒出一个尖尖的“触角”。

又过了一天，不知道可爱的绿豆怎么样了，于是我又去看了看它们。一些绿豆的“触角”已经伸长。根据我的观察，我发现绿豆的“触角”是回旋着搭在它的身子上。

五天后，绿豆宝宝终于长出了一点点嫩黄的叶子，脱了皮的白花花的绿豆夹着叶子，看起来就像美味可口的芝士汉堡。而它们的“触角”却变了色，变成了淡淡的紫红色，可能要长出什么东西了吧。

一周后，绿豆的“触角”长出了一点点根。嫩黄的叶子也长出来了，那些叶子都是朝下的，难道它们都是朝下长的？

再一天过去了，我又忍不住去看我的绿豆。瞧，原先朝下的叶子齐刷刷地铺开，有的反倒朝上长呢！也许它们都想得到太阳公公的沐浴吧！

种绿豆真是有趣，我也从中学会了怎样观察，这真是一次难忘的体验！

“三王”争霸

黄俊肇

我家有三个王：森林之王老虎、美丽的王者猫咪和捣蛋王猴子。不瞒你说，这三位大王，其实是老爸、老妈和我。

校有个校长，班有个班长，连队伍都有个队长。可我家为什么就偏偏没有个动物长呢？于是，三位大王为了争夺“长老”之位，用尽了浑身解数，准备要打一场硬仗。是不是很期待呢？那就一起欣赏吧！

哇！“森林之王老虎”咆哮着冲上来啦！这个“老虎”啊其实是冲向饭桌来的，而咆哮的句子则是：“等等我！我还没吃呢！记得给我一碗肉，五个炸鸡腿！”由此可见他真是个大型肉食性动物。他一屁股坐在椅子上，吧唧吧唧地啃起肉来，仿佛这天地间只有他和这美味的肉。这就是“老虎”的第一大功：啃肉功。“老虎”的第二大功呢，是虎啸功。那震天动地、呼风唤雨的叫声，能瞬间达到一百五十分贝到二百分贝。可等他吼完，家里就变得静悄悄的，因为他还没吼完，我早就逃之夭夭了……

瞧！“猫咪”又在照镜子了。她梳梳这儿，梳梳那儿，一会儿哼一首动听的曲，一会儿悠闲地涂涂面膏，最后坐在沙发上玩起手机来了。她似乎很温柔，但这仅仅是表面，可别忘了，她那“可爱的毛茸茸小脚”下可隐藏着尖尖的利爪！她的绝招——“九阴白骨爪”，谁见了可都会一颤，就因为这个，连老虎都怕他三分！

可我这捣蛋王——调皮猴也不是好惹的。我的绝招——整事可厉害了，谁见了都怕，除了老虎。我一使绝招，他也使虎啸功，把整个动物园闹得鸡犬不宁。但我不怕猫咪，因为我只要一用顽皮猴的绝招，她就夹起尾巴逃跑喽！但我也追过去，一下子调皮地抱住了她，害得她一下子失去了猫咪的温柔优雅。

我们三个王，就如石头剪子布一样，虎打不过猫，猫打不过猴，但猴子呢？嘿，怕死老虎了！就这样，这个动物长至今也没选出来……

我家的天台

林羽格

我家楼顶有个小天台，无论你何时光临，那里总是生机勃勃、春意盎然。

打开那扇淡蓝色小门，满眼的绿意扑面而来。踏进矮门，你会看到一个三步见方的小菜圃。菜圃是用十几个白色塑料薄膜箱装满泥土组成的。塑料箱里中满各种蔬菜，有木耳菜、空心菜、苦菜……木耳菜枝干坚韧挺拔，深绿的叶子形状像猪耳朵。叶子往外伸展，好像在为旁边的苦菜小兄弟遮太阳呢！空心菜恰恰和木耳菜相反，枝干柔软，一阵风吹来，叶子随风飘动，好像是一位跳着芭蕾舞的小姑娘。

菜谱右边是一片丝瓜藤。人们用细长的竹竿和塑料绳搭起了架子。丝瓜的藤蔓蔓延了整个架子，像一个大帐篷。翠绿的叶子下结了不少可爱的小瓜。你瞧，它们正在举行同学聚会呢。我正数着小瓜，主人过来了，见到我，笑眯眯地说："等瓜熟了，随时欢迎你来摘！"

菜圃的左边是一个五彩缤纷的小花园。里边种着茉莉、玫瑰、三角梅……茉莉不说香飘十里，至少走过路过的人都可以闻得到花香，陶醉在这迷人的香气里。真让人春风满面，神清气爽。玫瑰花楚楚动人，美丽得让人嫉妒三分。三角梅从天台的墙壁上垂下来，紫红色的花朵竞相开放，一朵比一朵艳丽多姿。这难道不是名不虚传的"空中花园"吗？

花园边上，不知谁搭了两个秋千，孩子们坐在秋千上轻轻荡起，心情是那样舒畅、惬意。

叽叽叽，你听，是谁在唱歌？原来是小鸟们被我家天台吸引来，想在这里安家落户呢！

除夕之夜里的幸运饺子

宋浩然

我们东北人有个习俗，要在除夕之夜的十一点到十二点包饺子，吃饺子。所以，这成了除夕之夜我们家的保留节目。

我觉得以前的年都过得太平淡了，于是决定今年的春节，我得吃出花样，活出精彩！于是我找了两个硬币，偷偷溜进厨房，偷偷放进两个饺子里。办完“正事”后，我又以最快的速度溜到客厅里。看见爷爷那迫不及待要煮饺子的样子，“呵呵”我的嘴角浮起一丝微笑……

“饺子煮好啦！”爷爷叫到，我们上了饭桌，我并没有像往常一样很快地拿起筷子去夹饺子吃，而是看着他们吃，心里冒出了疑惑：奇怪，都吃这么久了，那些“鱼”，怎么还没吃到我精心准备的“鱼饵”？爸爸看见了我，皱了皱眉说：“你今天怎么了，这么久了，桌上的饺子都一动不动？”说着，他就给我夹了个饺子，自己也吃了一个，嘴里还嘀咕着：“这孩子是不是病了？”突然，他的手抖了抖，筷子掉到桌上，把一个银色的物体吐了出来，我仔细一看，心想：哈哈，有鱼上钩了！看着我爸爸那滑稽的样子，我“扑哧”笑了，爸爸知道了是我干的，既恼火又觉得很搞笑。

我当时完全忘了另一个“鱼饵”，一边笑着，一边把碗里饺子吃了进去。“啊！”房间里冒出一丝尖叫，原来是我咬到我放的另一个硬币了，我把硬币吐出来。想：真倒霉，“渔夫”把自己放的“鱼饵”给咬到了。我爸爸看了，大笑起来说：“还笑我呢！你自己更滑稽！”笑声是会传染的，我爸一笑，我笑了，我一笑，全部人都笑了。爷爷边笑边说：“你们知道吗？把硬币放进饺子里，那饺子就是幸运饺子，你们父子俩吃到了这幸运饺子。在新的一年里，你们就会得到好运。我也祝我大孙子在新年里学业进步，祝我大儿子事业有成！”

听了爷爷的话，大家都开怀大笑，这笑里有团圆的乐，也有对更美好生活的期盼！

过年趣事

卞雯焯

过年了，人们放烟花、买新衣、赏花灯……享受节日的欢乐。在我家发生最有趣的就是吃了！我想：吃也要吃的有乐趣，所以一个好玩的计划就从我的心中冒了出来。

过年那天，奶奶买了些桂花糕，“嗯，真香啊！”姐姐说。我并没有注意姐姐说的这句话，心里却蹦出来那个计划。

我小心翼翼地来到厨房，确定没有人了才动手。我从口袋里拿出了——芥末。哈哈，我拿芥末干吗呢？当然是用来做特别的事。

我偷偷地拿出奶奶今天早上买的桂花糕，用刀在中间切了一点儿缝，挤了点儿芥末进去，在上面做了个小记号。好了，完工。哈哈，今晚就等着看热闹了！

到了晚上，吃年夜饭了，我故意装作肚子痛，妈妈就说："看来今天你吃不了香喷喷的桂花糕了。"我装作可怜巴巴地说："讨厌的肚子，为什么在这个时候不舒服呢？""那我来帮你们切吧！"说完，我就把桂花糕端过来。用小刀切成六小块。给奶奶爸爸妈妈……最后只剩下一块爱心的桂花糕给了姐姐，现在就是搞笑时刻！

我看见姐姐开心地把桂花糕慢慢地放进嘴里，津津有味地吃了起来。"啊，好辣呀！"姐姐用雷鸣喊声喊叫起来。瞬间她的脸色都变青了，泪水流了下来。"水，水……""奶奶买的桂花糕怎么是辣的？"

"我要找老板算账！"奶奶和妈妈都很着急。我却笑得前仰后合。妈妈和奶奶异口同声地说："是你这个小鬼头搞的鬼吧！"姐姐知道后准备揍我一顿。爸爸却说："算了，他也是为了过年可以增加点儿乐趣呀，饶了她吧！"顿时客厅里哄堂大笑。

我的恶作剧就算为新年贡献一点儿乐趣吧！

爱的蛋糕杯

谢艺彤

天，灰蒙蒙的；我，烦躁不安。

我坚信这是我开学以来，最受打击的一天。

我不情愿地踢着路边的小石子，发泄不安。回到家，一进门，便见妈妈乐呵呵地做着蛋糕，倒是好一副“乐天派”。我心中不免不悦：你女儿都得了这种成绩，还有心情做蛋糕！我用力甩上门，好像示威一般。妈妈倒是一愣，看向我，可我只给她留下了转身那一瞬的背影。

我在房中坐了半天，暗自神伤。妈妈只是探进身来，“刚做的蛋糕，热乎的。”妈妈没有多说，只是将蛋糕杯放在桌上，看了我一会儿。当我再转过头去，门已被带上。

窗外，好像快下雨了，只有隐约的脆鸣，一声、两声……好像欢歌又好像悲鸣。树梢又有新绿，可也无法淌进我的心田。

桌上又有飘香，是蒸好的蛋糕。纸杯是三只小熊，它们的样子看起来无忧无虑。

我静了下来，热乎乎的蛋糕甜甜的，好美的味道。

静下心来，我细细地将考卷又研究一番，不专心，不扎实，我找出了原因。再看看窗外的一抹树梢上的翠绿，我此刻却感觉到了它倾吐着浴后的欢悦，又一番滋味上心头。

“哇。”我终于感觉到心里刚才紧闭着的大门终于敞开。

我与鸟儿欢歌，与绿树共舞，带着蛋糕里满满的爱，迎接新的希望。

温暖的掌心

美味的彩蛋

林思琪

鸡蛋也能成为一件工艺品呢！这可得从复活节说起。复活节是西方的一个宗教节日，是为了纪念耶稣复活而设立的。复活节彩蛋象征着新生命的开始。

制作复活节彩蛋看似简单，其实可不是一件容易事。我，就做过一个复活节彩蛋。

要做的第一步就是煮蛋。为了最后的效果更好，我还别出心裁地增加了一步：给蛋“选美”。我出于好玩的心态，把冰箱里所有的蛋都翻了个遍，终于挑出了又白又圆的“最美第一蛋”。

我小心翼翼地把挑出的蛋捧到水龙头前，把水开得很小，像洗一件价值连城的宝贝一样小心地用抹布把它擦拭干净。接下来，我把蛋浸泡在冷水里，放在电磁炉上用文火慢慢煮。我一步不离地守在旁边，就怕它一不小心被煮破了，那样不就功亏一篑了吗？

煮蛋的十分钟对我来说简直是度分如年。就在我实在没耐心等下去想走开时，“嘀”的一声，定时器响了。

我把煮好的蛋捞起来，浸在凉水中。等蛋的温度降下来了，我就开始了第二个至关重要的步骤：画蛋。画些什么呢？这个问题我一直拿捏不准。我想，既然我是第一次在鸡蛋上作画，缺乏经验，那我就取别人之长，补自己之短吧！于是我找了一些关于复活节彩蛋的图片。经过严格的反复比较与筛选，我选中了其中一个图案。它看起来美极了，一簇簇野花盛开在草地上，就像春天被印在了蛋上一般，充满生机。

我先用铅笔在蛋上描画了几笔，发现留下的铅笔痕很难看。“算了，”我自言自语道，“直接上色吧！”之后，我做了一个至今都让我后悔不已的决定：用水粉画。我找到颜料才发现，很多颜料都干了，能用的颜色少而又少。没办法，只好将就一下了。我用的是细细的毛笔，软软的笔尖沾上颜料变得更加滑溜溜的了，我紧紧夹住笔杆企图尽量画出优美的线条。“哎呀！”我手一抖原来的花茎上多了一条斜线。“怎么办呢？”我灵机一动，把它改成了叶子，不大不小正合适。

等我完成了我的“大作”，仔细端详一番时，这才感觉跟原稿偏差了十万八千里，上看下看，怎么看怎么觉得难看。唉，想画好一个彩蛋真是看时容易做时难啊，第一次做彩蛋，我以失败告终。

当第二天早晨起床后发现的蛋的新变化，我脸上的表情可以用四个字形容：哭笑不得。原来，蛋上的颜料已经趁着夜色的掩护，转移到蛋外面的塑料袋上了。我为它感到惋惜，同时又抵制不了馋虫的诱惑，彩蛋最终成了我的早餐。

这个结局，我也很无奈啊！

给乒乓球整容

林思源

科学，一提到这个词，很多人想到的是在科技管理的高级设备。难道科学只存在于科技馆里？不，你错了！生活里处处有科学呀！

“吱”的一声，教室的门开了。陈老师走了进来。她神秘兮兮地从袋子里拿出一个乒乓球来。“今天，我们课堂的主角是乒乓球！”老师满脸笑容地说。那乒乓球圆溜溜的，身穿一件黄澄澄的外衣，似乎和其他乒乓球没啥两样。可是，我们定睛一看，乒乓球的脑门怎么凹下去一块呢？看着我们一脸疑惑，陈老师才说：“今天，我们要给乒乓球整容。请你们当一回军师吧！”我的心里犯了愁：“我们又不是整容师，怎么给乒乓球整容呀？”带着一丝疑惑，我和同学们开始讨论怎么给乒乓球整容。同学们议论纷纷。过了一会儿，大家各抒己见，有人说用手捏，有人说用热水泡，还有人说钻孔吹气。英雄所见略同，大部分同学认为用热水泡最靠谱。

于是，我们开始了实验。陈老师拿出了一个玻璃杯，她先把乒乓球放进杯里，再轻轻倒入热气腾腾的水。我们屏息凝视着，只见乒乓球浮起来了。老师拿出了乒乓球，那个丑丑的乒乓球又变得帅气十足了。老师用手一拍，它在桌子上跳起了“芭蕾舞”。我们的实验成功了，大家欢呼雀跃。

可是大家又很纳闷：为什么非得用热水？用冷水行吗？老师似乎看出了我们的心思，她在黑板上写了四个字：热胀冷缩。“热胀冷缩？我怎么没听说过呀！”“是呀，什么是热胀冷缩？”同学们又议论开了。陈老师连忙说：“乒乓球里是空心的，里面的空气碰到热会膨胀，就会把凹下去的地方顶出来。乒乓球自然就恢复原样了！”

哦，原来是科学知识帮助我们给乒乓球整了容。看来，生活真的处处有科学呀!

豆腐脑儿

范舒宸

武夷山，这个孕育着无数壮丽风景的地方，有过我短暂的童年，每年我都会与家人来到这里过年，也必定会在“爆竹声中一岁除”的新年里吃上一碗豆腐脑儿。

大年初一的清晨，我眼巴巴地望着超市前的一角，刺骨的寒风呼呼地吹着，偏偏摊主还没来。

终于，他出现了。还是那高大的身躯、和蔼的笑容以及那稀疏的头发。我急忙跑过去，“叔叔，一碗豆腐脑儿。”他却不紧不慢地对我笑了笑，“急什么，碗还没洗哩。”

只见他从摊后提来几大桶热水，热气弥散开来，像给周围的一切披上银纱，眼前的一切渐渐朦胧起来，我不禁杵在原地，欣赏起这独特的风景。

不大一会儿，碗洗好了，一只只朴实无华的碗摆放在桌上，上好的釉面与冬阳微微折射，时不时地闪着光芒。一只只瓷碗白白净净，像微缩了的大雁塔，十分好看。

正想着，他招呼着我："小姑娘，要不要来一碗？"我点头答应。他又笑了笑，取过一只碗，用一把自制的、扁扁平平的木勺从锅里铲下一大片豆腐脑儿，细心地帮我把它放进撒了调料的碗里，再轻轻递给我一把勺子："姑娘，尝尝叔叔的手艺。"我捧着碗，找了张小木桌，迫不及待地舀起一勺放进嘴里，豆腐脑儿入口即化，软软的，虽没有什么味道，但却留下满口的清爽。碗里那边边角角很是好看。

一碗豆腐脑儿下肚，肚子热乎乎的。我摘下手套，将那锃亮的一元硬币投进箱里，感觉又回到了童年的大年初一。这一刻，童年的回忆、家乡的味道一齐在心头萌发，久久不能忘怀。

学车三重奏

康田睿

我的学车经历，简直就是一曲三重奏。

高 音 紧 张

“不要啊，我不学了！妈妈，救我！”我这个女高音又扯起嗓子“唱”了起来。这是我第一次学自行车时发出的声音，我害怕极了，生怕自己会摔下来：万一这刹车不灵了，我撞到墙上了怎么办？我控制不好这摆头，谁又会来帮帮我呀？我小心翼翼地控制自行车，生怕有个闪失摔伤了。也许是太紧张的缘故，我的手紧紧攥着扶手，眼睛直盯着前方，头上冒出了冷汗。看着我生疏的样子。妈妈喊道：“骑快一点儿，太慢更容易摔倒！”我才不信呢，慢一点儿才好呢！就在我刚想完时，“啪”的一声，自行车倒地了，我摔了，坐在地上哇哇大哭起来："这自行车什么破玩意儿啊？害我摔成这样！"原有的勇气消失得无影无踪，我彻底对自行车产生了恐惧，它好像一团乌云，散不开来，遮住了阳光。

低音暖流

每次那女低音总能给人带来温暖的感觉，这一次也一样。

"乖，没关系，从哪里跌倒就从哪里爬起来。一点点小伤算什么？再试一次就一定成功！再试一次就一定成功！"妈妈赶紧跑过来，安慰我道。那温暖的女低音再一次发挥了它那神奇的功效，我的哭声止住了。想想妈妈说得对，学本领怎么可能一帆风顺呢？我想到了许许多多的名人，哪一个没有失败过？可是，自行车真的太可怕了，我在十字路口徘徊，该前进，还是后退？我沉默了一会儿，一点点找到了我丢失的勇气拼图，我把它拼起来，完成的图片告诉我：再试一次吧！再试一次就成功。好，那我就再试一次。失败是成功之母，我要吸取刚才的教训，再试一次。

但是，虽然心里这么想，但是嘴上却撒娇："那就再试一次，这次再不成功就不学了！"妈妈笑着答应了。这也许就是低音的魅力吧，让我拾回了勇气。我再次骑上了自行车，我记住了妈妈的话，骑得快了一些，我握着摆头，一丝不苟地骑着，我渐渐勇敢起来，技术也越来越娴熟，我终于学会自行车了。

中音呐喊

“我成功了！”富有磁性的女中音唱起，那是发自我内心深处的声音。这成功来得十分不容易，也让我深深体会到了苦尽甘来，我像喝了中药后吃了蜜一样，格外甜，令我无穷地回味。

有的时候，勇敢与怯懦仅一步之遥。勇敢，只是战胜了胆小，勇敢，只是锻炼了自我。从毛毛虫破茧成蝶，是勇敢者的选择，是勇敢者奏响的生活最强音！

逛沙县小吃城

李 炟

一提起扁肉，许多人不约而同地说道：到沙县小吃店过个瘾吧！看来沙县小吃可是闻名四方哦！

暑假时，我参加了省科技馆举办的航模美食夏令营活动。第一天傍晚，我们的目的地就是闻名遐迩的沙县小吃城。

刚到小吃城的门口，映入眼帘的是鲜红的大字：沙县小吃城。我好奇地走了进去，路两旁布满了小吃店，比如：“张飞牛肉店”“泥鳅粉干”“武大郎烧饼”……让你眼花缭乱、目不暇接。虽然我们来的时间早，还未到吃晚饭的时候，但小吃城中的游客还真不少；人人东张西望找着心仪的美味。哈哈，我可以饱餐一顿，把沙县特色好好地品味品味！

“同学们，我给你们每人发二十七元钱，你们可以单独行动，也可以和几位新认识的朋友，选择一家你心仪的……”徐老师的话还没说完，营员们早已是欢呼雀跃，我的目光掠过一张张熟悉又陌生的脸庞。对，就邀请陈子林吧！子林爽快地答应了。

我们一边走一边搜索目标，目标锁定在一家泥鳅粉干店。我往菜单上一看，嘿，就拌面、扁肉吧。不一会儿，热情的店老板把拌面、扁肉依次端了过来。哇，好香的肉味啊！我拿起勺子，三下五除二地把扁肉倒进了肚子里。拌面的味道与在福州品尝有些不同，更浓更香，这也许就是沙县的特色吧！

摸摸肚子似乎还没饱，馋虫还在咕咕地叫着。“走，吃年糕去。”子林指着对面的一家年糕店说。“好！”我举双手赞成，别看我个儿小，食量可不小。炒年糕果然没有让我们失望，甜得恰到好处，似乎一大团麦芽糖在心中融化开来。

吃饱喝足后，我们三三两两地走出小吃城，此时已是吃晚饭的时间，小吃城里不知不觉挤满了游客，人来人往，十分热闹。徐老师招呼大家上车回宿舍，可大家都还依依不舍。沙县小吃城的美味真让人流连忘返啊！

薰 衣 草

李荷雨

“你最近怎么回事？如果再这样不在状态，你可以不用参加比赛了！”

“你知不知道现在这么多人里你跳得最差！”

一张张愤怒的、严肃的脸在脑海中飘荡，一声声可怕的、严厉的训斥声在耳旁萦绕，让我真的无法面对。不知怎的，临近舞蹈比赛了，我却始终没有进步。

夜，披着一层神秘的面纱漫步走来。我走到阳台看望我不久前买回来的一小盆薰衣草，每天的悉心照顾，却始终不见一点儿紫色，我的心情愈加失落，对它的期待也随着时间的流逝减少了。

第二天早晨，我独自到阳台去给薰衣草浇水，突然看见从草丛中闪出一丝紫色，轻轻地亮亮地在眼前转了几转，我忙走向前去小心翼翼地拨开嫩草，只见那娇嫩的紫色在几丛绿色中歪着头，带点儿调皮，却丝毫不知道自己显得独特。我轻轻伸手去触碰那小麦穗状的薄如蝉翼的花瓣，指尖的柔软和舒适感流入心间。

花开了！我带着愉悦的心情去练习，但结果却还不尽如人意。我又失败了！

那天夜里，竟毫无征兆地下起了暴雨，直到早晨，我才想起昨晚没有将花儿从阳台抱进来，经过一夜的风吹雨打，一定变成残花败柳了吧？我怀着不安的心情奔向阳台，眼前的画面让我目瞪口呆——

围在花儿周围的草已受不了打击倒下了，压在薰衣草身上，而经受了重压的薰衣草仍是娇嫩的紫色，花瓣薄如蝉翼，略有皱折，温暖的金色流光抛开来，罩住了弱小的它，薰衣草正倚着明媚的阳光，朝着我微笑，笑得如此灿烂。

我愣了很久，这一株小小的薰衣草挺过了重重困难，才有了现在灿烂的花开，昨夜的痛苦折磨，可它坚持下来了。想到自己，只是一味地逃避，自暴自弃认为自己不行，而我的想法在它的面前是多么不堪一击，同样身处磨炼，它顽强拼搏，我却畏畏缩缩。

我回到舞蹈室，这次的我要像春天的草执着对待阳光那样，坚强勇敢地面对它。我抬起头，眼神中满是坚定，一遍又一遍地练习，任凭汗水洒在舞蹈室的各个角落。我相信，我的生命中也会有花开之日！

从此，每当我遇到困难时，每当我看到那一丛丛花儿时，我总会想起那绽放的薰衣草……

观　雨

林宸隽

放学了，我走在回家的路上。天空十分灰暗。我抬头一看，天空上有一两片乌云，才过了一会儿，乌云像赶集似的聚拢来。“快下雨了吧。”我心里想着，不由得加快了脚步。

果然，天空下起了小雨，雨滴落在地面上，沾湿了地面，形成了许多小水洼。忽然，一道道闪电如利剑一般划破天空，一会儿工夫，忽然响起了雷声。行人都撑起了伞，匆匆忙忙地赶回家。雨越下越大，犹如成千上万个子弹落在地上，雷电的声音如同山崩地裂，好像大地都被震得颤动起来。

雨很快地落下，逐渐变多，变大。落在树上，叶子被打了下来；落在花朵上面，花瓣也被打了下来；落在地面上，发出一阵阵清脆的响声。“滴答，滴答……”那声音就像一首歌曲。雷声和雨滴如同一曲激昂高亢交响乐，好听极了。

雨渐渐变小了，接着雨就停了。天空逐渐变亮了，空气变得清新了，行人们收起了伞，不慌不忙地走着，一切仿佛又回到了下雨前的样子。我也开始悠闲漫步，尽享雨后时光。

秋天的茶亭公园

林君潞

走进茶亭公园，和炎热的夏天不同，深秋的茶亭公园有一种沉静之美，游客们仿佛害怕打破那平静的美景，自觉轻声细语，不大声喧哗。

穿过几扇大门，走过几条小路，就来到了我喜欢的荷花池。虽然夏日里“接天莲叶无穷碧，映日荷花别样红”的景象消失了，只留下了一片片黄色的荷叶，但我仍然爱着它们。

看，那片荷叶虽然枯黄，但却不失美感，它像一把小伞立在那里，给可爱的鱼儿们遮阴避雨。瞧，那两片荷叶紧紧挨在一起，那样子像不像一对鸳鸯呢?

恍惚间，几只白色的水鸟优雅地立在干荷叶上，有的扑腾着宽大的翅膀舞动，以轻灵的舞姿吸引着人们的目光；有的低下头寻找鱼儿；有的扭过头梳理着洁白如雪的羽毛。游客们纷纷举起玉米、鸟食扔给它们。

举步向前，就会看见一条短短的鲜花廊。花廊上开满了精致的紫薇花，一阵微风拂过，那紫色的花儿在风中轻轻摇曳着。花廊下是无名小花们温馨的家，那里开满了不知名的、嫩粉色的清纯的小花，她们开得芬芳而灿烂，像是丛丛绿叶中闪烁的明灯。孩子们轻轻蹲下来，嗅着花儿们的清香。

微风徐徐，繁花满树，多美的茶亭公园啊！美在路边青竹，美在脚下石路，美在每个榕城人的心间！

家乡美景醉我心

周义杰

每次提起我的家乡泉州永春，我都会感到十分自豪，因为那里的风景美不胜收，令人流连忘返。

我的家乡就是一幅大自然创作的美丽画卷。独特的物产就是那金黄的永春芦柑。这里的芦柑可不一般。光是外表，它就比其他地方的芦柑大了一圈。硕大的果实披着金黄色的外衣，显得那么高贵。它的“内在”也很美，并不是华而不实。刚从树上摘下的芦柑，轻轻剥开果皮，露出了那橙色的细嫩果肉，谁见了都垂涎三尺。摘下一块放进嘴里，甜中带着微微的酸，令人百吃不腻。每逢春节，家乡的芦柑树便结满了丰硕的果实，放眼望去，那真是绿中带着点点金黄，构成一道亮丽的风景线。

家乡的山水也很美。登高远眺，田野辽阔无垠、一派生机。走进乡间，田中不时传来几声蛙鸣声，有时在小溪旁还能看到它的身影。小水塘中，几只水鸭悠闲地游着，时不时低下头来，觅食水底的水草和小鱼。假期里，我经常在家乡的田埂上自由地奔跑，欣赏着身边的美景。山上，勤劳的人们开出了梯田，一条瀑布从山上倾泻而下，无数的小水滴洒在我身上，冰凉冰凉的，多么清爽。一条小溪从梯田边流过，那仿佛是一条丝绸。从水中，你可以看到天空的影子，白云慢慢地漂在水中，碧蓝的天空仿佛洗过了一般纯净。我的手多么想伸进溪中洗一番啊，将手中的污迹洗净，将心中的一切烦恼洗掉，将一切不美好的回忆洗去。可转念一想，怎么能这样将家乡清澈的美景给污染了呢？

老家屋外的空地上，总有几只母鸡在走动，时不时地啄起地上的米粒，引来一群小鸡旁边就是蘑菇房。那里十分阴凉，菌类在里面生长，它不仅是家乡人宝贵的营养来源，而且还能够卖个好价钱，供孩子们读书去。边上有一条石板路，通向一片竹林，那是我更小的时候曾经玩耍过的地方。阳光透过竹叶投下一片片绿荫，那一根根又细又高的竹子，在风吹拂下沙沙作响，竹根下有我喜欢吃的大麻笋。在夏季的时候，它们就会一个个从土里探出头来。联想起餐桌上的美味佳肴，谁不流口水呀！

夜来了，在家乡可以看见繁星，因为在这里没有城市里的污染，你看，几颗星星陪伴在那一轮皎洁的明月旁。周围一遍寂静，只有那蛐蛐不厌其烦地唱着“摇篮曲”，伴我进入甜美的梦乡。

妈妈常说，走到哪儿，都不能忘了自己的家乡。家乡的那些佳果、那些山水、那些留下我足迹的地方，留住了我童年的记忆，让我永远陶醉在其中。

我得到了“天堂”

林宇晴

我不止一次抱怨过这栋老房子。

我曾挑剔着这栋房子的一切，一切。

这幢房子是我爷爷的，打我出生便一直住在这里。房前有一个小院子，砖头铺地，地板上的砖总是这儿少一块，那儿少两块，走着走着，脚下难免会一个仓促。地板上留下了岁月的痕迹，斑斑点点的青苔覆盖在红砖上。每当雨点儿来袭，青苔变得湿滑，那时，摔跤便成了家常便饭。老房子靠街，每逢下班高峰期，“嘀嘀叭叭”的喇叭声便会透过紧闭的窗户传入我的耳朵，使我总是一边捂着耳朵一边做作业。

可是，我真的讨厌这老房子吗？我一次又一次扪心自问。

春天，一个寒冬过后，院子里的花花草草生机盎然，小草也不再睡懒觉，早早地露出了脑袋，在新的生命中快乐的摇曳。绿的草，红的花，奏成了一支春天的交响曲。小小的院落仿佛换了一张新面貌，焕然一新，生动可爱。这虽然不是名贵的风景画，但是哪位画家能画出如此动人的图画呢？原来，老房子里藏着风景。

夏天，花更繁，叶更茂。烈日照得院子里明晃晃的。躲在屋中，躺在冰凉的竹摇椅上，舔着根冰棒，清爽从口中蔓延到了全身，夏日的暑气随着过道上习习拂过的凉风飘向远方。原来，老房子里藏着惬意。

秋天，阳光宜人，晴朗的日子，我总喜欢在不大的院子里玩耍，院子成了我得天独厚的游乐场。秋雨丝丝，雨后，花花草草上一颗颗露珠平铺在上面，院子里的地砖湿滑异常，我经常跑着跑着摔倒在地，却依然玩得兴趣盎然。原来，老房子里藏着快乐。

冬天来临，外面的空气似乎都冻得停住了流动。寒风如一道道利剑，划过我的肌肤。冬天恍如一支画笔在灰蒙蒙的苍穹下，给一座座耸立的高楼大厦涂抹了一层寒霜。放学了，我小跑着回到我的家一老房子。老房子内很温暖，寒风在这里失去了踪迹，空气中弥漫着令人舒服的味道，仿佛有一个火炉置放在老房子中，给予我无限的温暖和舒适。蓦地，心底里泛起一丝波澜，原来，老房子里还藏着温暖。

我真的讨厌老房子吗？终于，答案明朗了。老房子如我第二个母亲，在她的照顾下，我一天天长大。这栋房子给我温暖，给我快乐，给我太多太多美好的回忆。

神说充满爱的地方是天堂。我说，老房子是我一生眷恋的天堂！

我得到了世上最美丽、最温暖、最幸福的“天堂”。

火 之 舞

林宇晴

夜色尚未隐退，繁星仍在闪烁，乳白的薄纱轻罩榕树枝头，江水拍打岸堤的喧闹声，似是一支合奏曲，轻轻撩开晨的面纱。大街上，人流渐渐拥挤了，穿梭往来，似在欣迎初升的红日。猛听“砰”的一声，一朵烟花在空中绽放，接下来是孩子们的欢呼声。思绪一下子退回到那年春节。

年幼的我站在一块空旷的地上，聚精会神地盯着爸爸的打火机迸发出耀眼的火焰，照亮一小块地方。二月，寒风“呼呼”吹在每一个人的身上，那小小的火焰不畏寒冷地暴露在冰冷的空气之中。

伯父从口袋里掏出火柴盒，小心翼翼地抽出一根火柴，“嚓”地划着一根，小小的温暖的火焰在寒风的吹动下在空中摇摆，却没有熄灭，像快要从火柴棍上掉下来似的，又很快移回了原位。

伯父依次为每个人点着了手中紧握的那根烟火棒。看着烟火绽放，每个人都开心地笑着，笑着，拿着烟火棒胡乱挥舞着，那过年的鞭炮也被点响了。

我一向是个与迎难而上恰恰相反的人，遇到让我觉得遥不可及的目标时，我一定会选择放弃。我不喜欢面对困难，绞尽脑汁去克服它。

可是，看着火柴还没燃尽，火芯在空中跳跃着，继续它的舞蹈，点着一根又一根烟花棒，寒风依旧没能吹灭它。它坚持不懈地旋转着，忽而踮起脚尖，忽而扭动腰肢，我呆呆盯着那根火柴上的火芯，任由思绪信马由缰。那火芯依然舞蹈着，直至它生命突然结束的一刻。它也许并不知道，在它短暂的生命终结时，却在一颗心灵中点燃了一簇火苗。

之后，我变了，面对困难，我总有一种永不服输的劲头；面对比自己高上数千倍的山峰，我牢牢锁定山登绝顶我为峰。就如火焰在凛凛寒风中顽强舞蹈不肯熄灭，就如火焰一次又一次义无反顾地攀上火柴顶。

精彩的烟火落下帷幕，孩子的欢呼声也渐渐远去，旭日东升，苏醒的绿树、青草散发淡淡的清香，天边一片红光，仿佛一簇簇跳跃的火苗在舞蹈，人们满怀信心迎着日出，奔向又一天的繁忙。新的一天又开始了。

计划表中的爱

施佳怡

小学最后一年，记忆中只剩下背不尽的课文与写不完的作业，在匆匆滑过。只觉得时间像威严的、不可侵犯的某种咒语，摸不着看不见。妈妈为了配合我紧张的学习工作，为我一笔一画地制作了一张计划表。

每天傍晚，回到家中的我，都要乐此不疲地做着千篇一律的学习安排。几点练琴，几点看书，几点吃饭，都是有条不紊的。无数个傍晚，计划表陪着我，在书桌上奋斗了一天又一天，一夜又一夜。

妈妈，在她下班回家后，第一时间就是来“视察”我的学习情况。计划表上，除了密密麻麻的属于我的各项安排，还有属于她的每天鼓励我、激励我的温暖一句话。

计划表上，她的鼓励随处可见：

“9月13日，今天的学习功课很多，女儿肯定累坏了，冰箱里有蛋糕哦，记得吃！”

“9月27日，女儿，对不起，妈妈工作忙，不能陪你。这张计划表，就像我一样，监督你鼓励你学习！加油！”

……

慢慢进入秋季，天气渐渐转凉，人们穿上了长衣裤。而我，只要瞧见墙壁上那张洁白的计划表，心中涌起数不清的思绪。妈妈的话，让原本寒冷的我被温暖包围，让原本紧张的时间渐渐慢下来。

计划表中的爱，让我收获了无穷无尽的力量……

星星之火可以燎原

陈诗蕊

站在主席台上沉默不语，冷汗浸透了后背，本要吐出来的字却欲出又止，手心也捏出了一把汗，看着台下的同学们脸上满是嘲笑的神情，我求助的目光转向了班主任……

没错，站在主席台上不知所措的人就是我，那个懦弱怕事的我，是我最糟糕的回忆。

马上就轮到我了，我忐忑不安地踱来踱去，汗水早已渗透了我的手心，我的脚如戴了几千斤的铁链——在雷鸣般的掌声中，区区几级台阶变得无比之漫长，我拖着沉重的步伐，一步一步艰难地走上了主席台。

看着下面一片黑压压的人群，我胆怯了，我相信，从一年级到现在，我从没有这么胆怯过……

我扫视着，期望在这人山人海之中寻找到我敬爱的老师。啊！在这里！那如往日一般平静而又别有深意的眼神，如一把火，温暖了我的心田；似一盏灯，为我照亮前方的路，像一滴水，解救了张皇失措的我。我的心中如沐春风，所有忧虑都被这一个小小眼神驱散了。

我定了定神，鼓起勇气，深吸一口气。终于，当“亲爱的老师同学们”破笼而出时，我的紧张也沉入谷底，被压抑的自信重新浮出水面：世上没有不可能，不可能只是不敢做，而不是不能做。相信自己，去做那些“不敢做”的事情，你一定会看到成功在向你招手。气定神闲之后，我像鱼吐泡泡一样道出了一个个词语，把稿子滚瓜烂熟地背了下来。

等到到周围再一次响起掌声时，我才如梦初醒，发现自己居然做到了，自信心终于战胜了恐惧！

老师，您的眼神让我成功地迈出了一小步，而生活，又何尝不是如演讲一样呢？

遇到困难时，重拾信心，它将被你攻破：遇到难题时，找到信心，它将被你解决：遇到对手时，充满信心，他将被你战胜……

而今，我昂首继续着我的成长路程，依旧接受着风雨的洗礼。然而，那一份回忆，却犹如星星之火，点燃了心中自信的火花，照亮了脚下前行的方向！

冬日里，那一束温暖的灯光

李姿仪

一个寒风呼啸的晚上，刚上完补习班的我在那条黑漆漆的小巷子口徘徊不定。良久，叹了口气，抬起像注了铅一样沉重的脚步，怀着忐忑不安的心情，走了进去……

我像一只小老鼠，沿着墙根，小心翼翼地在伸手不见五指的小巷中慢慢往里挪。小巷中的路灯全“罢工”了，小巷中的居民们虽叫苦连天，却都不愿来修灯。“哐当——”传来重物落地的声响。我的水壶！我连忙蹲下来，着急地寻找着。

这时，“啪！”的一声，我身后的一盏灯闪了闪，重新散发出令人倍感温暖的光亮。“找到了！”我欣喜地扑过去，激动地将失而复得的水壶塞进背包。

路灯下有一个修灯人，等看清那人的样子后，我惊呆了：怎么会是他？怎么会是他！那个人分明是补习班的看门大爷！他满是皱纹的脸上布满了豆大的汗珠，骨瘦如柴的手上拎着一个沉重的工具箱，被汗水打湿的衣裤紧贴在身上。我好奇地走过去：“老爷爷，这并不是您的本职工作，您为什么还要做呢？瞧您累的。”我递上一沓纸巾，老爷爷汗津津的脸在温暖的，橘黄的灯光的照耀下，像一个淡淡的光圈。

“呵呵，傻孩子！”老爷爷的笑脸像在秋霜中盛开的一朵菊花，“与人方便，与己也方便嘛！举手之劳的好事为什么不做呢？”老爷爷的话像一把小锤子砸在我心上，又似一股暖流流进我的心田，犹如一缕阳光照耀我的心房。见我还想说些什么，大爷摆摆手：“不与你说了，还有几盏灯等我修哩！”

看着老爷爷的身影，我的心里暖暖的……

难忘的一次掌声

陈诗蕊

走出门，就与微风撞了个满怀，风中含着露水与栀子花的气息。早晨，好清爽！

天气十分晴朗，而我心里的大石头却吊得很高，因为大队委竞选轮到我了。随着时间的流逝，一轮又一轮激烈的竞选过去了，终于轮到了我们五年级。

我穿着整洁的校服，戴着鲜艳的红领巾，迈着轻快的步伐，走上了主席台。这演讲可是讲给全校听的啊，甚至还要传到学校外面的社区呢！现在台下站着我们班的同学，他们会不会笑我？会不会说我太自夸了？

手中的稿子在晨风中飒飒作响，这可是我花了好几天才写完的，又花了几个小时才得以把这稿子念得滚瓜烂熟的，想想我为了台上这几分钟的表演，在台下付出了那么多的汗水和泪水，我为自己打了个“镇静剂”。

在万众瞩目之下，我登上了主席台，刚上去，还没站稳，台下就掌声雷动，这掌声在无形之中，给了我极大的鼓励，使我信心倍增。

令我与老师们吃惊的是，我竟然这么有台风，用那雄浑的“男高音”，镇定自若，行云流水般念着演讲稿，渐渐地我沉入了文字之中，像每一次练习一样，让心中的那只小鹿静悄悄地趴在那儿，我忘了台下的同学们；忘记了自己站在主席台上；忘记了所有的一切……我用自己的心去读，用自己的灵魂去读，仿佛一切都是虚的，这个巨大的空间中只有我。

演讲完了，我深深地鞠了个躬，台下又一次响起了雷鸣般掌声，这一次掌声却别有风味，使我懂得了：紧张可以缓解，不需要害怕；自信可以赢取，不需要懦弱！

新时代的小学生，就应该知难而进，难道不是这样吗？

我振翅，欲向更高远的天空飞去！

成长的故事

黄源清

成长的故事，回忆起来总是令人回味无穷。有泪水、也有微笑；有失败，也有成功，但无论如何，成长依然美丽。是您，我的妈妈，您为我的人生添上了绚丽的一笔。

重拾信心

记得那是五年级的一天，我手拿着八十八分的卷子，走在回家的路上。这条不长的路，却让我感到无比的漫长。我多么希望拿着满分的卷子回家，让家人们表扬我。可是，我还是得面对这一切。

我到了家门口，沉重地按下了门铃，把卷子交给了您，我垂头丧气，认为您肯定会大发雷霆，可是您拍着我的肩膀，语重心长地对我说："一次失败决定不了什么，失败不会是永远的，你要敢于面对它。你一定要找到原因，对症下药，这样才会有进步。”

妈妈，是您的话给了我安慰，让我重拾信心，重新燃起了心中的希望，重新开始奋斗。在您的鼓励下，我在成长的路上迈出了坚定的一步，上了一个新的台阶。

增强勇气

记得那一次，我参加了学校的竞选主持人活动，看着台下几千多双的眼睛，我紧张了，好像热锅上的蚂蚁急得团团转，我多么想打退堂鼓呀！我的眼睛在台下人群中飞快地搜索，终于找到了您——妈妈。

您那充满鼓励的微笑，让我内心里的紧张全部消失，荡然无存，是您的微笑使我重拾勇气，增强了信心，我终于能够抑扬顿挫地演讲，并顺利地获得了全场的掌声，成了一位主持人！是您的微笑，让我在成长的路上又迈出了新的一步，又上了一个新台阶。

啊，妈妈，是您亲切的话语，教我挺直脊梁面对失败；是您温馨的目光，教我坚毅果敢地望着前路。我成长中的每一个故事，都有妈妈的爱，因为您的爱，我成长的故事就变得更加精彩。

兄 妹 情

吴宇可

风，轻轻地从我耳边擦过；雨，重重地落在我的肩膀下；灯，弱弱地在我身上映着，就如现在全世界只剩下我一人……

寒冷的晚风夹杂着些许凄凉，闪亮的灯牌也带着淡淡的落寞。前面便是长乐机场，机场不算很拥挤，我们正静静地等着广播的通知，我只是红着眼，丧着脸，没有和即将赴英国读书的哥哥说一句话。

“宇可，时间差不多了，我得进去了！要听爸妈的话！哥哥到了英国，就会给你打电话……”哥哥提起行李走向安检口，我努力地望着他离去的背影，直到看不见他时，才愿意让泪水如瀑布般流下……

在回去的路上，我呆呆的，不说一句话。脑海里只剩下我和哥哥的回忆。

当时，妈妈买回了一个大西瓜来让我们好好享受一番，那鲜红的果肉，乌黑的小籽，香甜的肉汁还有那深绿的西瓜皮。看起来就让人欲罢不能。

“嗯，好吃！”我忍不住得大声夸赞。转眼间，半个西瓜已经被我收入肚中了，每片西瓜都被我吃得干干净净，一口不剩。我左转转，右看看，唉！都是吃得连籽儿都不剩。

呀！我顿时眼睛发光，只盯着一处看，只可惜那是哥哥的西瓜。我又哭丧着脸，准备回到房间去。

刚步入房间，就看到哥哥坐在位置上，见到我很高兴，连忙招招手示意我过来。只见他指着一盘西瓜，“这……”我吃惊地望向他，“这西瓜太冰了，你哥我可吃不下，正好看见你，不然我还不知道怎么处置这些西瓜呢！快快吃吧！”我端起一块，细细品尝着，此时，甜甜的汁水缓缓地流进心田。忽然，我看有两块小小的西瓜皮儿躺在那儿，那可是味道最不好的地方。突然间，鼻子有点儿酸酸的，心头却有点儿甜甜的……

虽然现在哥哥远在英国，可我相信我们兄妹俩的亲情会一直延续下去，犹如江河一样，奔流不息……

父子书迷

蔡梦珑

“叮叮当当……”厨房里传来几声碰撞声，妈妈正在里面开她的音乐会呢。

饭摆在桌子上，香气布满了整个房间，秃头爸爸拿起筷子正想夹盘子里的菜。妈妈立刻没收了爸爸手中的筷，生气地说：“吃，你就知道吃，没看见儿子还没坐上桌吗？你赶紧到房间里催他一下。”爸爸只好奉“皇后”之命，去叫儿子吃饭。

爸爸不满地走进了儿子的卧室，只见儿子趴在地上，两只脚上下摇摆着，正津津有味地看着一本书。爸爸见儿子无动于衷。于是抱起他，把他扔到门外，爸爸很好奇，儿子到底在看什么书呢。他偷看了一眼，很快就和儿子一样，被书吸引住了。

饭厅内，儿子和妈妈端端正正地坐在饭桌旁，等着爸爸来吃饭，儿子盯着这满桌的饭菜，直流口水，可是爸爸还没来吃饭，只好把口水咽回去。

等了半个小时，桌子的饭菜都凉了，但是爸爸还是没有来吃饭，妈妈只好命令儿子去叫爸爸吃饭。

儿子径直走向自己的房间，他一进门，发现爸爸和他一样，用手托着腮帮，两脚上下摆动着，正津津有味地“啃”着他那本漫画，而且时不时还发出几声笑声，儿子来气了：你这个坏爸爸，叫我去吃饭，你自己却在这里看书，害得我看着一桌饭却不能吃。突然儿子灵机一动，学着爸爸的语气，生气地喊：“吃——饭——啦！”爸爸低声说：“知道，再等一会儿。”儿子蹑手蹑脚地走向爸爸，用手挠他的肚子，爸爸痒得咯咯直笑，“你别挠了，我去吃饭还不行吗？”

爸爸抱着儿子，这一对“父子书迷”终于走向了饭厅……

“六一”主持秀

李子妍

“六一”儿童节时，林老师宣布将举办班级联欢会。“主持人，李子妍。”如重磅炸弹，砸在我的心头。林老师竟然让我当主持人，我心里怦怦直跳，既激动又紧张，因为我是第一次在这么多人面前当主持人。

到了下午，联欢会开始了，我要上场了，“扑通扑通”心中的小鹿撒开四蹄，跑得更欢了。到了场上，我的腿直发麻，脑袋像被抽空了似的，一个字也说不出来了。在旁边的同学鼓励我，小声地说：“子妍，加油，我相信你一定能行的。”“加油，子妍，我们挺你！”

听了同学们的鼓励，我的心不由得平静下来。

节目开始了，我的“六一”主持秀也拉开帷幕。刚开始说第一句台词，我的心情又开始紧张起来。“加油！”，我耳边又响起了同学对我的鼓励。老师信任我，伙伴们支持我，我还有什么好担忧的呢？我定定神，开口了："亲爱的老师，同学们……"我非常流利地把台词一连串地都说了出来。我觉得自己把握得非常好，我对自己说："没事，保持这样就可以了，加油！"渐渐地，心里的小鹿跳得不再那么欢了……

"接下来，我们来玩一个小游戏，这个游戏的叫作抢椅子。现在请八位同学上来比赛，谁有勇气上来，请举手。"我一看，呀！好多人，这该怎么选呢？突然我想到了一个好办法。"那么我就请四个男生，四个女生来玩。大家说好吗？""好！""我请郑某某，林某某，王某某……上来比赛吧！我祝你们成功！"

游戏开始了，每个同学都在为比赛的选手加油，教室里充满了欢声笑语，联欢会在欢乐的气氛中顺利地进行着。而我，也渐入佳境，主持得更加得心应手。

"比赛结束了，我宣布这个比赛最终的获胜者是张某某，祝贺你。这是你的奖品。"

"到我们节目的尾声了，让我们唱一首《让我们荡起双桨》，祝大家'六一'节快乐。"

"让我们荡起双……"唱完了这首歌，我们一起跳起了兔子舞，我也加入了长长的队伍中。

"现在，我宣布'六一'儿童节联欢会到此结束，让我们相约明年的'六一'儿童节吧，谢谢大家。"啪啪啪，教室里响起了一片热烈的掌声，经久不息。

这掌声既是对“六一”节的祝福，更是对我这主持人的赞赏。那一刻，我庆幸，庆幸自己勇敢地登上了舞台；那一刻，我自豪，自豪自己没有辜负老师同学们的期望；那一刻，我感慨，原来把握机遇、展示自我是一件这样美妙的事。

捉 月 亮

熊欧韬

夜晚，我坐在露台的椅子上，抬头仰望天空。月亮的光柔柔的，闪闪的，一点儿不刺眼。可我不喜欢，因为月亮把小小的星星遮了，于是我编织了一张闪闪的网，想把月亮捉住。

第一次捉是在一个静谧的夜。小星星都不愿来玩，我深吸了一口气，展开翱翔的双翼，飞向月亮。当我飞近了，才发现，月亮那么美，我有几分不忍，但一想到小星星，我抛出了网——可是，调皮的月亮没有睡，银光一闪，她变魔术般从网洞钻出去了。

第二次捉是在一个闪耀的夜，我能看见一颗颗可爱的小星星互相打闹。我笑了，又一次展开了影翼——这次，月亮睡熟了，就当我满以为月亮已落在网中，却听见了小星星的哭声。原来，我扔错了，把小星星网住了。我赶忙放开小星星，灰溜溜地回去了。

第三次捉是在一个月光如水的夜。我只望见几颗零零散散的小星星，对了，还有闪着银光的月，我知道月亮睡得不熟，我坐在旁边的一朵云上，眯了眯眼，轻轻拿出了捉月亮的网。可是，一道无形的剑闪过，原来是风姐姐。然而，我的网已变成了几缕丝线。

第四次捉是一个温暖的夜。我的手轻轻抚过网，我并非讨厌月亮，我只是最喜欢小星星。

这一次我成功了！ 可是当月亮挣扎着想逃脱时，小星星们哭着跑过来，我惊呆了，那一刻，我才发现我那么喜欢月那盈柔的光，我抽出利刃，几道利光闪过，网已灰飞烟灭。

现在，我与月、星都成了好伙伴。如果你仰望夜空，夜空中只有月，那么是星星都跑到我家中，映得我家满屋生辉；如果今天星星和月亮在夜空中交相辉映，那么我，就在月亮上搂着星星荡秋千，荡起、落下，月亮笑了，星星笑了，我也笑了……

中国男足 VS 中国女足

董浩铠

足球之声广播电台，足球之声广播电台。现在为大家带来的是中国男足VS中国女足的友谊赛，这场比赛备受关注！结果花落谁家，马上揭分晓。

好，现在比赛正式开始，比赛只有二十分钟。7号杀进了男足的禁区内，传给9号，门前包抄。被守门员扑住了，咦？ 这球脱手了，划出一道诡异的线路滚入球门！噢！ 守门员进球了，是乌龙球！

仅仅过了五十秒钟，女足就一比零领先了。男足中场开球后，终于组织起一次进攻，5号直接传给23号，直接面对门将了。射啦！球呢？镜头对准了天空，向下垂直降落砸中了球迷的头部，球迷当场昏迷。

比赛继续进行，大脚开出，3号后卫接到了球后，用她的脚法连过五名呆若木鸡的男足后卫，再次杀入了禁区，射门！打在门柱上，补射！打在立柱上。再射！ 球进了！进了！进了！进了！

呼！比赛结束了！二比零，女足战胜了男足。我想：二十分钟的比赛让对方进两球。九十分钟还不得进九球啊！好，直播到此结束，下次再见！希望男足能结束这天天输球的年代，不要再让天天为你鼓劲儿呐喊的球迷失望；希望你们能团结一致，结束一盘散沙的进攻！